Kleine Mainzer Schriften
zur Theaterwissenschaft
Band 3

# Québec inszenieren

Identität, Alterität und Multikulturalität
als Paradigmen im Theater
von Robert Lepage

von

Julia Pfahl

Herausgegeben von Peter Marx,
Kati Röttger und Friedemann Kreuder

Tectum Verlag
Marburg 2005

Diese Veröffentlichung wurde realisiert mit freundlicher Unterstützung der
Gesellschaft für Kanada-Studien e.V.

**Pfahl, Julia:**
Québec inszenieren.
Identität, Alterität und Multikulturalität als Paradigmen
im Theater von Robert Lepage.
/ von Julia Pfahl
- Marburg : Tectum Verlag, 2005
Kleine Mainzer Schriften zur Theaterwissenschaft; Bd. 3
ISBN 978-3-8288-8948-4

© Tectum Verlag

Tectum Verlag
Marburg 2005

*People no longer see national boundaries as a cause of division. Quite the contrary, today they are becoming crossroads for friendly contact. The whole world is discovering dialogue, a word which in fact is a theatre term.*

Kirill Lavrov

# Inhalt

Vorwort ............................................................................................ 9

1. Einleitung .................................................................................. 11

   1.1 Théâtre québécois – théâtre mondial ........................................ 11
   1.2 Forschungsstand ..................................................................... 14

2. Kulturraum Québec ................................................................... 17

   2.1 Historischer Hintergrund ........................................................ 17
   2.2 Kulturelle Hybridität .............................................................. 20

3. Theater und Interkulturalität .................................................... 25

   3.1 Interkulturelles Theater - Theater und Interkulturalität ............. 25
   3.2 Postkoloniales Theater ........................................................... 31
   3.3 ‚Identität' und ‚Alterität' im postkolonialen Diskurs ................. 37
   3.4 Multikulturalität .................................................................... 40

4. Theater in Québec ...................................................................... 43

   4.1 Eine kurze und junge Theatergeschichte ................................... 43
   4.2 Who is that Nobody from Québec? ........................................... 51

5. La Trilogie des Dragons ............................................................. 62

   5.1 Théâtre national - Théâtre transnational .................................. 62
   5.2 La Trilogie des Dragons ......................................................... 65
       5.2.1  1. Teil: **Le dragon vert** (1910-1935) ................. 69
       5.2.2  2. Teil: **Le dragon rouge** (1935-1960) ............... 72
       5.2.3  3. Teil: **Le dragon blanc** (1960-1985) ............... 75
   5.3 Genese ................................................................................... 78
   5.4 Analyse ................................................................................. 83
       5.4.1 Sprache .......................................................................... 83
       5.4.2 Identität ........................................................................ 90
       5.4.3 Alterität ......................................................................... 97
       5.4.4 Multikulturalität ........................................................... 107

6. Québec inszenieren .................................................................. 112

7. Literaturverzeichnis ................................................................ 116

# Vorwort

Das Theaterschaffen des frankokanadischen Regisseurs, Schauspielers und Filmemachers Robert Lepage ist in der deutschsprachigen Theaterwissenschaft bisher kaum rezipiert worden. Diese Tasache ist um so erstaunlicher, wenn man bedenkt, dass Lepage zusammen mit seiner Truppe "ExMachina"bereits auf beinahe 20 Jahre Theaterarbeit zurückblicken kann und spätestens seit 1999, als sein Projekt "La Trilogie des dragons" von internationalen Kritikern zu einer der zehn besten Inszenierungen der letzten dreissig Jahre gewählt wurde, zu den international renommiertesten Theatergrössen gehört. Zweifelsohne gebührt Christopher Balme das Verdienst, in zwei Aufsätzen (1997, 2003) auf die ungewöhnliche transkulturelle und intermediale Ästhetik hinzuweisen, welche die Produktionen von Robert Lepage auszeichnen. Dieser wissenschaftlichen Öffnung ist es zu verdanken, dass am Mainzer Institut für Theaterwissenschaft erste Monographien zum theatralen Schaffen des Frankokanadiers entstanden sind.

Die vorliegende Magisterstudie von Julia Pfahl konzentriert sich auf den Aspekt der Interkulturalität, den sie als Vision eines produktiven Umgangs mit verschiedenen Kulturen in der multikulturellen Gesellschaft Québecs beschreibt. Am Beispiel der bekanntesten Inszenierung von Lepage, der pankanadischen Familiensaga "La Trilogie des dragons", zeigt sie im Kontext postkolonialer Theoriebildung (Homi Bhabha) auf, inwieweit das Theater von Lepage generell und die ausgewählte Inszenierung insbesondere die Problematik der Postkolonialität mit den veränderten ethnischen Konstellationen in einer durch Migration geprägten Welt verbindet. Damit erweist sich nicht nur "La Trilogie des dragons" als paradigmatisch für eine produktive Auseinandersetzung mit kultureller Differenz auf der Bühne, sondern auch die vorliegende Studie in ihrer kulturwissenschaftlichen Reflexion auf dieses Phänomen.

Amsterdam, den 21.10.2005
Kati Röttger

> Le Québec est multiple, il est dans le village global et pas seulement dans la francophonie, il doit faire partie du monde! Mon acte nationaliste est de faire du théâtre ici et ailleurs, avec mes racines et mes langues, mon histoire.
>
> Robert Lepage[1]

# 1. Einleitung

## 1.1 Théâtre québécois – théâtre mondial

1985 beginnt der damals 28-jährige frankokanadische Schauspieler, Regisseur und Autor Robert Lepage mit Mitgliedern des Théâtre *Repère* in Québec City die Arbeit an einer pankanadischen Familiensaga, einem theatralen Mammutprojekt, dessen integrale Fassung erst zwei Jahre später, im Sommer 1987 während des *Festival de théâtre des Amériques* in Montréal, präsentiert wird. 1999 wird *La Trilogie des Dragons* von internationalen Kritikern zu einer der zehn besten Inszenierungen der letzten dreißig Jahre gewählt[2]. Mit diesem sechsstündigen Bühnenepos gelang Lepage der künstlerische Durchbruch, der ihn zum Star der alternativen Theaterszene Québecs machte, und spätestens seit der Gründung seiner multimedialen Theatertruppe *ExMachina* wird sein Name in einem Atemzug mit internationalen Regiegrößen wie Peter Brook, Robert Wilson oder Ariane Mnouchkine genannt.

Obwohl seine Produktionen sicher keinen ausschließlich québecspezifischen Kontext thematisieren, wie es z. B. für Jean-Claude Germain oder Michel Tremblay, um nur zwei der prominentesten Vertreter des Québecer Autorentheaters zu nennen, der Fall ist, setzt sich Robert Lepage immer wieder mit der Frage nach Identität und Nation auseinander. Seine Arbeiten behandeln

---

[1] Robert Lepage in einem Interview mit Robert Levesque: „Un Archange sur la scène du monde". Montréal: *Le Devoir*, 20 juillet 1992, zitiert nach: Dvorak (1996): 64.

[2] Anläßlich seines 30jährigen Jubiläums machte das Londoner Kulturmagazin *Time Out* unter seinen Lesern eine Umfrage, um die dreißig wichtigsten Inszenierungen seit seinem ersten Erscheinen zu benennen. Robert Lepages *Trilogie des dragons* kam hierbei auf Platz zwei und wurde nur von Peter Brooks *Sommernachtstraum* übertroffen. Vgl. auch St-Hilaire (2000).

kulturelle Spezifitäten und erforschen das Zusammentreffen und die wechselseitige Interpenetration von Kulturen bzw. deren Identitäten und können als konstitutive Bestandteile des aufkommenden Interkulturalismus in Theater und Performance betrachtet werden. Dabei ergänzt sich die Thematisierung interkultureller Phänomene mit der spezifischen Auseinandersetzung Québecs mit der Frage nach Identität und Sprache zu einer produktiven Fokussierung sowohl auf wechselnde Konfigurationen innerhalb Québecs, als auch auf die zunehmende Interaktion zwischen lokaler und globaler Kulturproduktion.

Trotz dieser recht eindeutigen Situierung Lepages als anerkannte Regiegröße einerseits und der Verortung seiner Theaterarbeit im Feld der interkulturellen Kulturproduktion anderseits ist die Rezeption seines Schaffens in der theaterwissenschaftlichen Forschung bisher ein fast weißer Fleck geblieben. Erst in den letzten Jahren sind einige wenige Arbeiten zum Theater Robert Lepages erschienen, und diese sehr zögerliche wissenschaftliche Auseinandersetzung mit der faszinierenden Theaterwelt des Frankokanadiers scheint zwei Ursachen zu haben:

Da sich Lepages Ästhetik vor allem durch bildliche Darstellungsformen und zunehmend im Einsatz verschiedenster Medien auszeichnet und ein Theatertext im klassischen Sinne oft nicht existiert, ist eine Beschäftigung mit seiner Arbeit fast ausschließlich durch die Beobachtung von Aufführungen und durch die von *ExMachina* zwar archivierten, aber nicht frei zugänglichen Videoaufzeichnungen möglich. Neben der Rezeption des Bildmaterials sind die nur wenigen Interviews mit dem Regisseur selbst, Zeitungsartikel und Rezensionen seiner Stücke sowie Abschriften von Podiumsdiskussionen weitere Quellen, die es der Forschung erlauben, mosaiksteinchenartige Informationen über Gedankenwelt und Arbeitsweise Lepages zusammenzutragen.

Die Schwierigkeit, dem Frankokanadier und seinem Theater im Feld der postkolonialen und interkulturellen Theaterforschung einen Platz zuzuweisen, resultiert aus der Spezifität des Kulturraums Québec: Die Besonderheiten der frankophonen kanadischen Provinz beruhen nämlich auf der sprachlichen Diglossie und dem kulturellen Zusammentreffen von Anglophonen und Frankophonen in der Provinz Québec als einem Phänomen postkolonialer Realität Kanadas und weiterhin in der Bedeutung Québecs als Immigrationsland für Ethnien verschiedenster Herkunft und der daraus bedingten Diversifikation kultureller Identität.

Um der künstlerischen und kulturwissenschaftlichen Bedeutung der Theaterarbeit Robert Lepages Rechnung zu tragen, gilt es, die genannten komplexen kulturellen Bedingungen mit der Ästhetik seines Schaffens in Verbindung zu setzen, um so den Kulturraum Québec im Gebiet des interkulturellen Theaters fest zu verorten. Dabei soll auch der Frage nachgegangen werden, inwieweit Lepages Theater auch unter dem Blickwinkel der postkolonialen Studien zu betrachten ist und wie in diesem Kontext die vor allem von der soziologischen und anthropologischen Diskussion geprägten Begriffe Identität, Alterität und Multikulturalität zu verstehen sind.

In einem weiteren Schritt soll dann Lepages Theater in der sehr jungen, aber doch auch sehr lebendigen Québecer Theaterszene situiert werden, um davon ausgehend zu analysieren, ob das Phänomen Lepage eine Sonderstellung in der Kulturszene Québecs einnimmt oder sein theatrales Schaffen durchaus auch in größere Zusammenhänge der lokalen Theatergeschichte gestellt werden kann. Bevor anhand der Analyse der Inszenierung *La trilogie des dragons* exemplarisch der Versuch unternommen wird, Lepages Theater in das Feld der interkulturellen Theaterforschung einzuordnen, zeigt ein gesondertes Kapitel die Spezifika seiner Herangehensweise und sein theatrales Grundverständnis auf.

Der darauf folgende Teil beschäftigt sich mit Lepages pankanadischem Mammutprojekt, das auf paradigmatische Art und Weise die Themen der Identität und der kulturellen Fremdheit verhandelt und dabei nicht nur kultur- und zeitspezifische Konzepte von Ethnizität darstellt, sondern diese immer wieder im Sinne eines transkulturellen Kulturverständnisses subvertiert. Eine Analyse der inhaltlichen Struktur dieses Stücks und seiner Figuren unter den Aspekten von Identität, Alterität und Multikulturalität und der Strategien Lepages im Einsatz von Sprache soll schließlich dazu dienen, die ästhetischen und formalen Prinzipien aufzuzeigen, derer sich Lepages interkulturelle Produktionen bedienen und die so zu einer einzigartigen Manifestation der Geschichte Québecs im Kontext des interkulturellen Theaters werden.

## 1.2 Forschungsstand

Obgleich Robert Lepage mit Inszenierungen wie der hier untersuchten *Trilogie des dragons*, *Tectonic Plates* oder dem Hiroshimaprojekt *The seven streams of the river Ota* weit über die Grenzen Québecs hinaus gereist ist, viele seiner Produktionen internationale Auszeichnungen erhielten und sein Schaffen mit dem internationaler Regiegrößen wie Peter Brook oder Robert Wilson gleichgesetzt wird, hat die Theaterwissenschaft seine Arbeit bisher nur sehr zögerlich rezipiert. Zwar gibt es eine relativ große Anzahl von Aufsätzen, die auf einzelne Inszenierungen eingehen und diese bisweilen auch recht detailliert beschreiben[3]; eine ausführliche Auseinandersetzung mit dem Werk des Frankokanadiers im Kontext weitreichenderer theaterwissenschaftlicher Fragestellungen, wie z. B. dem Feld des interkulturellen Theaters oder der Intermedialitätsdiskussion, liegt aber noch nicht vor.

Erst in den letzten Jahren scheint die Theaterwissenschaft ein verstärktes Interesse am Gesamtwerk Lepages zu entwickeln. Der im Jahr 2000 erschienene Band *Theater sans frontières*[4] von Donohoe und Koustas vereint eine Reihe von Artikeln zu den unterschiedlichsten Theater- und Filmarbeiten Robert Lepages und bietet so zum ersten Mal eine breite Sicht auf das facettenreiche Schaffen des Regisseurs. Im Bereich der Auseinandersetzung mit der spezifischen Medialität des Theaters von Robert Lepage sind in erster Linie die beiden Aufsätze von Christopher Balme[5] zu nennen, die sich mit der Inszenierung *The seven streams of the river Ota* beschäftigen und die durch den Einsatz verschiedenster Medien spezifische Ästhetik dieses Theaters beschreiben.

Das sehr lebendige und vielschichtige Forschungsfeld des interkulturellen Theaters[6] reiht Lepage zwar explizit in die Reihe der wichtigsten Vertreter dieser Strömung ein[7], eine detaillierte Beschreibung eines Stücks liefert jedoch keine der Untersuchungen. Die prominentesten Inszenierungen, die immer wieder zitiert und beschrieben werden und die Grundlage für eine breite Diskussion über die verschiedensten Ausdrucksformen interkultureller Aspekte

---

[3] vgl. Bunzli (1999), Carson (2000), Fréchette (1987), Hunt (1987; 1989), und Salter (1991)
[4] Donohoe/Koustas (2000)
[5] vgl. Balme (1997; 2003)
[6] Pavis (1996)
[7] vgl. Pavis (1992; 1996), Fischer-Lichte (1990; 1999)

im zeitgenössischen Theater bilden, sind vor allem Peter Brooks *Mahabharata* und Ariane Mnouchkines *Indiade*.[8] Das Theater Robert Lepages und der Kulturraum Québec findet in diesen Veröffentlichungen keinen Platz. Lediglich die Studie zum postkolonialen Drama von Helen Gilbert[9] geht ansatzweise auf die spezifische Stellung Québecs und Kanadas im Kontext des Postkolonialismus ein, wobei der Akzent hier, ebenso wie in Christopher Balmes Veröffentlichung zum Theatersynkretismus, auf die indigenen Theaterformen der Indianer gelegt wird. Auch der Sammelband *Contemporary Canadian Theatre*[10], der die unterschiedlichsten Strömungen der jungen kanadischen Theatergeschichte nachzeichnet, erwähnt mit keinem Wort den wohl inzwischen prominentesten Theatermacher des Landes, was insofern verwunderlich ist, als zumindest die frühen Arbeiten Lepages aus der alternativen Theaterbewegung Québecs heraus entstanden sind, und diese hier auch recht umfangreich dokumentiert ist.

Die Besonderheiten des Kulturraums Québec, die sich aus seiner älteren wie auch neueren Geschichte ergeben, und die sich in entscheidendem Maße auf alle Arten von Kunstproduktion in dieser Region auswirken, sind bisher fast ausschließlich von der frankophon orientierten Literaturwissenschaft[11] beschrieben worden. Das mag zum einen damit zusammenhängen, dass Theater nicht zu den privilegierten Ausdrucksformen in Québec gehört, zum anderen lässt es sich aus der Tatsache erklären, dass es neben Lepage kaum einen kanadischen Theatermacher gibt, dessen Arbeit in ähnlichem Maße mit Québec verwoben ist, und der so Anlass zu einer intensiveren theaterwissenschaftlichen Beschäftigung mit der Region gegeben hätte.

Unter den Artikeln, die sich mit den interkulturellen Strategien Lepages auseinandersetzen, sind besonders die der Montréaler Literaturwissenschaftlerin Sherry Simon hervorzuheben.[12] Simon ordnet Lepage nicht nur eindeutig dem Feld des interkulturellen Theaters zu, sondern situiert seine Arbeit auch explizit zwischen der kulturspezifischen Auseinandersetzung mit Québec und einer bewusst transkulturellen Herangehensweise. Darüberhinaus

---

[8] vgl. Pavis (1992; 1996)
[9] Gilbert/Tompkins (1996)
[10] Wagner (1985)
[11] vgl. Corzani (1998) und Gasquy-Resch (1994)
[12] Simon (1998; 2000)

verweist sie als einzige auf den Diskurs des Postkolonialismus und auf Homi Bhabhas Konzept der Hybridität und liefert damit den brauchbarsten Ansatz für die Fragestellung dieser Arbeit.

Interessante Analysekategorien finden sich sowohl in Marta Dvoraks[13] Arbeiten über Lepages Strategien des Nicht-Übersetzens sowie in Jeanne Bovets Magisterarbeit und dem daraus hervorgegangenen Artikel über die Frage der Identität im Theater Lepages[14]. Gemein ist ihnen allen, dass sie nur exemplarisch auf einzelne Aspekte ausgewählter Inszenierungen verweisen und darüber hinaus in den meisten Fällen äußerst deskriptiv bleiben. Bisher liegt keine Veröffentlichung vor, die der Komplexität einer Produktion Lepages inhaltlich und ästhetisch gerecht wird und seine Arbeit in den Zusammenhang weiterer theaterwissenschaftlicher Fragestellungen setzt. Aufgrund der erschwerten Rezeptionsbedingungen dieser Form von Theater aber auch als Reaktion auf die weltweite Begeisterung, die die Inszenierung *La Trilogie des dragons* hervorgerufen hat, hat die kanadische Theaterzeitschrift *Cahiers de Théâtre Jeu* dem Stück eine Sondernummer gewidmet[15], die den Inhalt des Stücks detailliert beschreiben und Produktionsbedingungen und Entstehungsprozess durch zahlreiche Gespräche mit allen Beteiligten dokumentiert.

Die zur Verfügung stehende Literatur ist zwar nicht sehr umfangreich, bietet aber eine Reihe interessanter Aspekte, anhand derer das Theater Lepages in das Feld des interkulturellen Theaters eingeordnet werden kann, ein Versuch, der durch diese Arbeit exemplarisch am Beispiel der Inszenierung der *Trilogie des dragons* unternommen werden soll.

---

[13] Dvorak(1996; 1997)
[14] Bovet (1991; 2000)
[15] *Cahiers de Théâtre Jeu* 45 (1987)

> *Malgré sa cohésion, le peuple québécois n'est plus un peuple seulement composé de descendants des premiers Français installés en Amérique. D'aussi loin que l'on remonte dans l'histoire , le Québec possède une tradition d'accueil qui ne se dément pas.*
>
> Françoise Tétu de Labsade[16]

## 2. Kulturraum Québec

### 2.1 Historischer Hintergrund

Die frankophone kanadische Provinz Québec und besonders ihre Metropole Montréal sind geprägt vom Zusammenleben der verschiedensten Kulturen und Ethnien. Nicht nur das Nebeneinander der frankophonen und anglophonen Bevölkerung ist kennzeichnend für die Spezifität des Kulturraums Québec, sondern besonders die seit den 1970er Jahren dazugekommene große Zahl von Immigranten aus allen Teilen der Welt macht ihn zu einem Schmelztiegel verschiedenster kultureller Strömungen. Aber diese soziodemographische Realität ist keineswegs ein Produkt des 20. Jahrhunderts. Seit jeher war das Gebiet des heutigen Kanada ein Territorium, auf dem unterschiedliche Kulturen und Völker aufeinander trafen.

Als Jacques Cartier im Auftrag des französischen Königs 1541 das Gebiet am Sankt-Lorenz-Strom für Frankreich in Besitz nahm, war das Land von verschiedenen indianischen Stämmen besiedelt. 1674 setzte die französische Krone die streng katholische Verwaltung ihrer neuen Kolonie ein und errichtete eine Kette von Forts vom Sankt-Lorenz über die großen Seen bis ins Missisippigebiet und nach Lousiana. Aber nicht nur Frankreich hatte Interesse an einer Ausweitung seines Herrschaftsgebiets auf dem amerikanischen Kontinent; nur knapp 100 Jahre nach der Kolonisierung wurden die französischen Truppen von den Engländern geschlagen. Der Vertrag von Paris 1763 besiegelte schließlich das Schicksal Neufrankreichs und wurde zum ersten großen Trauma der etwa 60 000 französischsprachigen Siedler: Frankreich akzeptierte den Sieg der Briten und trat seine noch so junge Kolonie an die englische

---

[16] Tétu de Labsade (1997): 71.

Krone ab. Für die in Kanada ansässig gewordenen Franzosen wurde so ihre Verbindung zum Mutterland mit einem Federstrich zerstört. Das Gefühl von Verrat, Preisgabe und Isolierung lebt noch heute im Bewusstsein der Québecer weiter.[17]

Unter der britischen Kolonialverwaltung wurde der Einfluss der frankophonen Minderheit stark eingeschränkt: Wirtschaft, Handel und Kultur wurden fast vollständig durch die neuen Kolonialherren dominiert, und den Franzosen blieben nur die Berufe im Handwerk und in der Landwirtschaft. Trotzdem garantierte man ihnen unter bestimmten Bedingungen die Gewährung von Religionsfreiheit und die Anerkennung der französischen Verfassungsstrukturen. Der Zusammenhalt der französischen Gemeinschaft in Kanada war über lange Jahre hinaus aber vor allem dem katholischen Klerus zu verdanken, der auf Beibehaltung von Sprache und Religion drängte. Geographisch konzentrierte sich die französischsprechende Bevölkerung auf das Territorium im Südosten des Landes am Ufer des Sankt-Lorenz-Stroms. Noch heute leben mehr als achtzig Prozent der frankophonen Kanadier in der heutigen Provinz Québec.

Zu Beginn der 1960er Jahre war Québec noch eine größtenteils von Landwirtschaft geprägte Region mit einer konservativen, stark klerikal beeinflussten Gesellschaft. Das Hauptcharakteristikum ihres Nationalismus bestand in einer vehementen Abwehrhaltung gegen das Englische und den anglophonen Teil der kanadischen Gesellschaft. Mit der politischen Machtübernahme der Liberalen um Jean Lesage und René Levesque setzte schließlich in Québec eine Autonomiebewegung ein, die das Startsignal für tiefgreifende Veränderungen im gesellschaftlichen Leben gab und später unter der Bezeichnung *révolution tranquille* in die Geschichte eingehen sollte.[18] Dieser neue Nationalismus ist nicht mehr ausschließlich als frankokanadische, sondern zunehmend als eine québecspezifische Bewegung zu verstehen. Die weitreichenden Auswirkungen dieses neuen Nationalismus manifestierten sich in einer Reihe von Gesetzen, welche einerseits die französische Sprache und andererseits die Einwanderungsbestimmungen betrafen. Angesichts einer sinkenden Geburtenrate und einer steigenden Zuwanderung von Anglophonen nach Québec, sahen sich die französischsprechenden Kanadier inzwischen selbst in ihrem Gebiet stark

---

[17] vgl. Gagnon (1998): 13-23.
[18] vgl. Tétu de Labsade (1997): 83 f.

bedrängt.[19] Die *Charte de la langue française*, das Gesetz 101, proklamiert das Französische zur offiziellen Amtssprache Québecs und garantiert den Frankophonen so per Dekret den Erhalt ihrer Sprache. In der Präambel heißt es:

> Langue distinctive d'un peuple majoritairement francophone, la langue française permet au peuple québécois d'exprimer son identité. L'Assemblée nationale reconnaît la volonté des Québécois d'assurer la qualité et le rayonnement de la langue française. Elle est donc résolu à faire du français la langue de l'État et de la Loi aussi bien que la langue normale et habituelle du travail, de l'enseignement, des communications du commerce et des affaires.[20]

Die neuen Einwanderungsgesetze sollten ebenfalls dazu dienen, den Erhalt der französischen Sprache zu sichern und die Einreise von Immigranten zu fördern, die entweder aus französischsprachigen Ländern oder Kulturen stammten, oder bereit waren, die Frankophonie Québecs zu akzeptieren und mitzugestalten und das Französische zu ihrer Sprache zu machen. Obwohl Kanada schon immer ein Einwanderungsland war, hat gerade diese Politik der Provinz Québec den Strom der Immigranten erheblich beeinflusst. Infolge der politischen Ereignisse auf Haiti kam z. B. in den 1960er Jahren eine große Anzahl haitianischer Intellektueller nach Montréal; in den 1970er Jahren sind vor allem die Immigranten aus Italien und Griechenland zu nennen, ebenso wie die Einwanderer aus Vietnam und China und aus Teilen Südamerikas. So öffneten sich die Kultur und die Gesellschaft Québecs, die bis in die 1960er Jahre fast ausschließlich auf sich selbst bezogen waren, durch den zunehmenden Einfluss fremder Kulturen zusehends der Welt, so dass die Provinz heute als *melting pot* Kanadas betrachtet werden kann. Im Zuge dieser Transformationen sah man sich nun gezwungen, das Konzept einer homogenen nationalen Kultur, das am Ursprung der *révolution tranquille* stand, zugunsten der Idee einer multikulturellen Gesellschaft, die sich in erster Linie durch ihre kulturelle Hybridität charakterisiert, grundlegend zu revidieren.

---

[19] vgl. ebd. 101.
[20] vgl. ebd. 104 f.

*La ville est depuis toujours le lieu privilégié de l'hybridité. Par ses marchés et ses places publiques, elle offre des occasions de rencontre; par la multiplication des circuits et des trajets, elle permet de maintenir des différences.*
Sherry Simon[21]

## 2.2 Kulturelle Hybridität

Der aus dem Lateinischen abgeleitete ursprüngliche Wortgebrauch der Hybride bezeichnet ein aus Kreuzungen hervorgegangenes Produkt von Vorfahren mit unterschiedlichen erblichen Merkmalen. Während der Begriff im 19. Jahrhundert in die Evolutions- und Kulturtheorie übernommen wurde und dort eine pejorative Bedeutung im Sinne von Monstrosität und Bedrohung von Reinheit bekam, erfährt der Terminus im 20. Jahrhundert im Kontext der Postmoderne und im Diskurs des Postkolonialismus eine Aufwertung und zentriert sich hier hauptsächlich in der Domäne der Kultur.
Mikhail Bachtin, russischer Literaturtheoretiker und Philosoph, und Homi Bhabha, Literaturwissenschaftler indischen Ursprungs, haben aus dem Konzept der Hybridität ein Schlüsselkonzept der Sozialwissenschaften gemacht.[22] Sowohl im Kontext des interkulturellen Theaters, als auch in der Diskussion der Paradigmen Identität, Alterität und Multikulturalität, kommt dem Begriff der Hybridität eine entscheidende Rolle zu.
Die komplexen kulturellen Bedingungen der Provinz Québec und ihrer Metropole Montréal erlauben es, an dieser Stelle die Konzeption einer kulturellen Hybridität, wie sie etwa Sherry Simon formuliert hat, zu erläutern und zu zeigen, warum sie besonders im Kulturraum Québec ihre paradigmatische Entsprechung findet. Innerhalb der komplexen Bedingungen von Globalisierung und Migration erhält der Begriff des Hybriden eine doppelte Funktion: Zum einen dient er als Beschreibungskategorie für soziodemographische Realitäten, sich wandelnde Identitäten und künstlerische Praktiken, zum anderen wird der Terminus zu einem positiv konnotierten Wert. Indem das Hybride eine Heraus-

---

[21] Simon (1999): 24.
[22] vgl. auch Rieger (1999): 13.

forderung klarer Kategorien darstellt, Sicherheiten destabilisiert und Momente des Neuen und der Dissonanz provoziert, produziert es einen Schock und nötigt uns, unsere Orientierungspunkte zu revidieren:

> [...] en posant un défi aux catégories pleines et pures, l'hybride déstabilise les certitudes et crée des effets de nouveauté et de dissonance. L'hybridité produit un choc, nous étonne et oblige à replacer nos repères. Elle a le pouvoir de nous troubler et, ainsi, de nous transformer.[23]

Aufgrund ihrer sozialen und ethischen Implikationen steht kulturelle Hybridität zu Beginn des 21. Jahrhunderts im Zentrum des Interesses. Kulturelle Identitäten und Praktiken, die sich vervielfachen, verweisen gleichzeitig auf mehrere Universen. Mit der Beschleunigung der Kommunikationsmittel verändert sich unser alltägliches Umfeld. Die Städte werden immer kosmopolitischer, feste Gewohnheiten, Orientierungspunkte und Wertvorstellungen werden grundlegend erschüttert. Aber nicht nur unser Alltag ist mehr und mehr von hybriden Elementen durchsetzt, sondern *„l'hybride habite également les zones de l'imaginaire. Il sera question des pratiques littéraires (et artisitques) animées par une esthétique hybride"*.[24]

So reflektiert die Literatur der Postmoderne das Entstehen fragmentierter Identitäten und es erscheinen Texte, die weder einem bestimmten Genre zuzuordnen sind, noch Eingang in eine Nationalliteratur finden. Aber nicht nur kulturelle Identitäten, sondern Kategorien jeden Genres werden in der Postmoderne dekonstruiert. Ähnliches konstatiert Simon für den gesamten Bereich der Populärkultur und beschreibt eine Vermischung von Stilen sowohl in den Bereichen der Unterhaltungsmusik als auch im Besonderen auf dem Gebiet des sogenannten interkulturellen Theaters:

> Les interférences culturelles jouent dans la poésie parlée des Antilles, dans la musique populaire de l'Afrique du Sud et dans le théâtre interculturel de Peter Brook, Ariane Mnouchkine, Robert Lepage ou Wole Soyinka. [...] La culture populaire nord-américaine et européenne est pénétrée par les influences les plus diverses (...).[25]

---

[23] Simon (1999): 27.
[24] ebd. 8.
[25] ebd. 28.

Das Hybride ist ein Ort des Disputs und der Diskurse, es fordert die Kategorien unseres Denkens in ihren Grenzen heraus und zwingt uns, unsere Kriterien und Wertvorstellungen zu überdenken. Das Hybride signalisiert den Beginn einer Ära, in der das dominante Präfix für die Beschreibung von Relationen zwischen Kulturen nicht mehr „inter" sondern „trans" ist. Die Essenz des Kulturkontakts besteht nicht mehr nur im gegenseitigen Austausch, sondern darüber hinaus in ihrem gegenseitigem Einwirken und Durchdringen.
Hybridität ist keine Synthese, kein Endzustand. Das Stadium der Hybridität ist ein illusorischer und transitorischer Zustand, ein Moment, das neuen, nicht gekannten Ausdrucksformen Raum gibt. Für Homi Bhabha ist es ein dritter Raum, der nicht ein Raum der Synthese oder Übereinkunft ist, sondern eher eine Randsituation oder eine Autoritätskrise beschreibt. Die Situation „an der Grenze" erlaubt es, sich Zeichen einer Kultur anzueignen, sie anders zu lesen und sie neu zu interpretieren. Hybridität schafft die Simultanität von Differenzen. Die Vermischung ihrer Elemente führt nicht zu einer homogenen Masse, sondern zu einem Etwas, in dem die Ursprungskomposita noch zu erkennen sind. Das Hybride ist die Kreatur des Moments; seine Lebenszeit ist notwendigerweise begrenzt.

Das von Simon so recht verständlich beschriebene Konzept kultureller Hybridität findet in den Charakteristika der Québecer Metropole Montréal seine paradigmatische Entsprechung. Die Stadt ist seit jeher der privilegierte Ort des Hybriden.[26] Montréal ist eine Stadt, in der sich die gesamte Geschichte der frankophonen Provinz Québec widerspiegelt. Auf der einen Seite die Kolonisatoren, die Briten, auf der anderen Seite die Kolonisierten, die Frankokanadier. Selbst wenn die ökonomischen und sozialen Verhältnisse sich fast egalisiert haben, trägt die Stadt doch zahlreiche Spuren dieser Geschichte in ihrem Stadtbild. Jede Gemeinschaft, die frankophone wie die anglophone, aber auch die verschiedenen ethnischen Gruppen der Migranten, hat sich dazu veranlasst gesehen, ihr eigenes institutionelles Netz zu schaffen. Die historische Dominanz der Anglophonen und die Notwendigkeit der Verteidigung der französischen Sprache gegenüber dem Englischen hat zu tiefen Differenzen zwischen den beiden kulturellen Gruppen geführt, die selbst heute noch nicht ganz überwunden sind. Das Quartier *Mile-*

---

[26] ebd. 24.

*End* ist eines der wichtigsten Immigrantenviertel der Stadt, in dem solche kulturellen Differenzen auch immer wieder zum Tragen kommen:

> Le Mile-End offre un lieu fertile à l'hybridation. Ce quartier accueille depuis à peu près vingt ans une nouvelle génération d'habitants urbains, qui refusent la vie de banlieue, et apprécient l'hétérogénéité du quartier. [...] Dans les rues on entend parler le français et l'anglais, mais aussi le yiddish, le hongrois, le portugais, l'italien.[27]

Schon der Name ‚*Mile End*', der die Distanz einer Meile beschreibt, referiert die Tatsache, dass sich das Viertel seit jeher im Bezug auf seine Grenzen definiert hat. Diese Meile ist in der Tat der Raum, der die *rue Sherbrooke* von der *avenue Mont Royal* trennt. In diesem Gebiet leben Iren und Engländer, Portugiesen und Griechen, Italiener und Lateinamerikaner sowie viele jüdische Familien, und es scheint nicht ohne Grund, dass dieser *lieu de passage*[28] sich genau zwischen dem frankophonen Teil der Stadt im Osten und den Anglophonen Gebieten im Westen situiert. Durch die große Anzahl und Heterogenität der Einwanderergruppen ist das Quartier zu einem fruchtbaren Ort der Hybridisierung geworden, zu einem „*espace marginal où les migrants de tout genre se reconnaissent*"[29]. Diese Hybridität bewahrt die Erinnerungen an die Ursprünge und schreibt sie gleichzeitig ein in eine völlig neue und eigene Geschichte.

Die Geschichte Québecs ist seit jeher eine Geschichte der Hybridisierung: Die Vermischung der Kultur der indianischen Ureinwohner mit der der französischen Besatzer zu Beginn, gefolgt von dem lang andauernden Konflikt zwischen den Briten und Frankophonen. Heute situiert sich die Kultur Québecs unter Bewahrung ihrer europäischen Wurzeln im Zentrum des amerikanischen Kulturraums und definiert sich gleichzeitig durch eine Vielzahl fremder Einflüsse. Die puren und reinen Formen der frankokanadischen Kultur sind also bei genauerem Hinsehen nur solche, die *a posteriori* konstruiert werden.

Die kulturelle Vielfalt der Provinz und deren gesamtgesellschaftliche Akzeptanz sind zu einem primären innenpolitischen Ziel der Regierung Québecs geworden. Die

---

[27] ebd. 20.
[28] ebd. 17.
[29] ebd. 21.

offizielle Politik des Multikulturalismus definiert die kulturelle Vielfalt als konstitutives Element nationaler Politik. Dabei tritt sie in einen Konkurrenzkampf mit der Anerkennung der Bilingualität und der Bikulturalität der Provinz Québec. Beide politischen Strategien unterstützen gegensätzliche Konzeptionen nationaler Identität. Wie könnte man sich also eine nationale Kultur vorstellen, die das Erbe und die Erinnerung der Frankokanadier Québecs bewahrt und gleichzeitig das Zugehörigkeitsgefühl der neu dazugekommenen Bevölkerungsgruppen stärkt? Ist das Ideal einer einheitlichen nationalen Kultur angesichts einer so breiten und heterogenen Auffächerung ethnischer Gemeinschaften und Identitäten überhaupt noch wünschenswert? Das Hybride fordert den Nationalismus bis aufs Äußerste heraus und zwingt uns, das Verhältnis zwischen Kultur, Identität und nationaler Zugehörigkeit neu zu definieren.

Kulturelle Hybridität manifestiert sich aber nicht nur in gesellschaftlichen Realitäten, sondern wirkt sich im besonderen Maße auf kulturelle Produkte jeden Genres aus, die die sich verändernden kulturellen Umstände reflektieren und repräsentieren. Das Theater scheint aufgrund seiner medialen Spezifität und seiner visuellen Strategien eine bevorzugte Form der Repräsentation interkultureller Phänomene zu sein. So entstand in den letzten Jahren eine Vielzahl theatraler Produktionen, die das Zusammentreffen von Kulturen auf inhaltlicher und ästhetischer Ebene thematisieren. Für Québec ist in diesem Zusammenhang vor allem die Arbeit Robert Lepages zu nennen. Seine Produktionen setzen sich aber nicht nur mit den kulturellen Gegebenheiten der Provinz Québec auseinander, sondern verweisen in gleichem Maße auf die immer komplexer werdenden Interaktionen in einer durch Globalisierung und Migration geprägten Welt. Angesichts der Komplexität dessen, was die Theaterwissenschaft unter dem Terminus des interkulturellen Theaters subsumiert, gilt es zunächst zu definieren, inwiefern Lepages Theaterarbeit als interkulturelles Procedere verstanden werden kann und welche theoretischen Implikationen sich daraus für die Analyse seiner Stücke ergeben.

> There is no pure culture not influenced by others.
> Richard Schechner[30]

# 3. Theater und Interkulturalität

## 3.1 Interkulturelles Theater - Theater und Interkulturalität

Der Terminus ‚interkulturelles Theater' klingt immer noch fremd in unseren Ohren, nur wenige Theoretiker und noch weniger Künstler sprechen von interkulturellem Theater im engsten Sinne, und obgleich uns sofort eine ganze Reihe von Theaterleuten einfallen, deren Arbeit wir mit dem Begriff assoziieren, hat dieses neue Genre seine Identität offensichtlich noch nicht wirklich gefunden. So umreißt der französische Theaterwissenschaftler Patrice Pavis in der Einleitung des Bandes *The Intercultural Performance Reader*[31] das komplexe und vielschichtige Phänomen, in das die Aufsatzsammlung Einblick geben soll, ohne jedoch diesem inflationär gebrauchten Begriff letztlich eine Theorie anbei stellen zu können.

Die Schwierigkeit, das zu definieren, was unter dem Begriff des interkulturellen Theaters zu verstehen ist, resultiert unter anderem aus der Fülle theatraler Produktionen, die sich mit kulturellem Austausch und der Verwendung verschiedenster fremder Elemente im Theater auseinandersetzen. Als mögliche Formen interkulturellen Theaters können aus unserer westlichen Perspektive sicher Inszenierungen wie Peter Brooks *Mahabharata* oder Ariane Mnouchkines *Indiade* genannt werden, aus nicht-westlicher oder vielmehr fernöstlicher die Versuche des Japaners Suzuki Tadishi, griechische Tragödien unter der Verwendung gestischer und vokaler Techniken aus dem traditionellen japanischen Theater auf die Bühne zu bringen. Obwohl also in den letzten Jahren Theatergruppen aus den verschiedensten Kulturen fremde Elemente in ihr Theater integrieren, handelt es sich nicht um eine Strömung des ausgehenden 20. Jahrhunderts. Die produktive Vermischung unterschiedlichster Theaterformen hat eine lange Geschichte und reicht im westlichen Kontext bis in die Antike zurück.[32] Spätestens

---

[30] Schechner (1982): 4.
[31] Pavis (1996): 1.
[32] In der klassischen Tragödie der Antike wären hier beispielsweise *Die Perser* von Aischylos oder *Medea* bzw. *Die Bakchen* von Euripides zu nennen. Festzuhalten gilt ebenfalls, daß diese Texte nicht nur frühe Zeugnisse für die

seit der Bewegung der historischen Avantgarde sind im europäischen Theater eine Vielzahl von Tendenzen zu verzeichnen, die das bourgeoise eurozentrische Modell des Illusionstheaters hinter sich lassen und durch die bewusste Verwendung fremder Darstellungsformen eine Retheatralisierung des Theaters propagieren[33]. Neben dieser historischen Perspektive sei weiter auf das vielschichtige und weitreichende Gebiet des postkolonialen Theaters verwiesen, wobei die Kombination eigener und fremder Kulturelemente hier sicher eine vollkommen andere Strategie verfolgt, als das für die genannten Vertreter des westlichen Theaters der Fall ist. Der kurze Überblick macht deutlich: Die Beispiele interkultureller Tendenzen auf der Bühne sind so zahlreich wie unterschiedlich und die simple Feststellung, dass ein interkultureller Trend das Theater weltweit beeinflusst, ignoriert die verschiedenen Funktionen dieses Trends in jedem einzelnen Fall.

Ebenso vielfältig wie die möglichen Formen dessen, was meist sehr undifferenziert unter dem nicht genau definierten Begriff des interkulturellen Theaters subsumiert wird, sind die Termini, die ergänzend oder erweiternd für jene Phänomene theatraler Praxis, die sich mit kulturellem Austausch beschäftigen, verwendet werden. So versucht Pavis zunächst drei mögliche Formen interkulturellen Theaters zu beschreiben und unterscheidet zwischen interkulturellem Theater, multikulturellem Theater und kultureller Collage, wobei er dann in einem zweiten Schritt noch einmal als Sonderformen synkretisches Theater, postkoloniales Theater und ein Theater der Vierten Welt nennt. Unter interkulturellem Theater versteht er

> hybrid forms drawing upon a more or less conscious and voluntary mixing of performance traditions traceable to distinct cultural areas. The hybridization is very often such that the original forms can no longer be distinguished,[34]

---

Darstellung von Fremdheit auf der Bühne sind, sondern dass auch gerade der griechische Terminus des Barbaren (barbaros), der auf alle Nichtgriechen angewandt wurde, zur Grundlage eines epistemologischen Alteritätsbegriffs wurde. Vgl. hierzu auch Balme (2001): 13f.

[33] Vgl. hierzu auch Fischer-Lichte (1996): 27-31. Die Verfasserin zeichnet hier die Entwicklung eines interkulturellen Trends im Theater seit Goethes Idee der Weltliteratur nach und verweist für die Zeit der historischen Avantgarden besonders auf die von Craig, Meyerhold und Artaud verwendeten Elemente fremder Theaterformen.

[34] Pavis (1996): 8.

und nennt als Beispiele hierfür Produktionen wie die von Peter Brook, Ariane Mnouchkine oder Eugenio Barba und im nordamerikanischen Kontext ganz explizit auch Robert Lepage und seine Inszenierung *La Trilogie des Dragons*. Aber auch das, was Pavis als multikulturelles Theater definiert, nämlich

> the cross-influences between various ethnic or linguistic groups in multicultural societies (e.g. Australia, Canada) [that] have been the source of performances utilizing several languages and performing for a bi- or multicultural public.[35]

passt durchaus auf die Charakterisika des Theaters von Robert Lepage. Gerade für den Kulturraum Québec und dessen im Sinne einer multikulturellen Gesellschaft geradezu paradigmatischen Konstellation aus Frankophonen, Anglophonen und einer Vielzahl durch die staatliche Migrationspolitik seit den sechziger Jahren hier ansässig gewordenen Ethnien verschiedenster Herkunft, die Lepage in seinem Theater immer wieder thematisiert, scheint der Begriff des multikulturellen Theaters mindestens ebenso angemessen wie das, was Pavis zuvor als interkulturelles Theater definiert.

Um Lepage innerhalb dieser sehr vielschichtigen Diskussion um interkulturelle Prozesse im Theater einen adäquaten Platz zuweisen zu können, scheint es angebracht, den kulturwissenschaftlichen Begriff der Interkulturalität zunächst etwas näher zu beleuchten und zu beschreiben, um ihn für die Beschreibung seiner Theaterarbeit nutzbar zu machen.

Die Auseinandersetzung mit dem Phänomen der Interkulturalität verlangt zunächst einer doppelten Klärung: Was versteht man unter Kultur, was unter dem darauf bezogenen ‚Zwischen'? Als Semiotiker begreift Pavis Kultur als ein System von Zeichen, das es einer Gesellschaft oder Gruppe erlaubt, sich selbst in ihrem Verhältnis zu ihrer Umwelt zu verstehen[36]. Seinen Reflexionen über weitere mögliche Definitionen von Kultur und deren Anwendungen auf den Begriff des interkulturellen Theaters stellt er zunächst folgende Definition des Ethnologen Clifford Geertz voran:

> Culture is a system of symbols thanks to which human beings confer a meaning on their own experience. Systems of symbols, created by people, shared, conventional, ordered and obviously learned, furnish them with an intelligible

---

[35] ebd. 8.
[36] ebd. 2.

setting for orienting themselves in relation to others or in relation to a living work and to themselves.[37]

Kultur ist also nach Geertz eine Art von Gestaltung, die unser Leben definiert und charakteristisch ist für die Art und Weise, wie man etwas tut. Wenn uns ein ganz bestimmtes Kulturverständnis mit Differenzkriterien versieht, mit Hilfe derer wir uns im Verhältnis zu anderen beschreiben können, dann wird deutlich, dass es einen allgemein gültigen, einheitlichen Kulturbegriff nicht geben kann. Wo hört unsere Kultur auf? Wo beginnt die Kultur der anderen? Um dem näher zu kommen, scheint es angebracht, Kultur zunächst im Plural denken. Durch die Differenzierbarkeit zweier abgrenzbarer Kulturräume und das bewusste Denken einer Grenze zwischen der einen und der anderen Kultur wird ein Ort geschaffen, an dem interkultureller Austausch möglich ist. Das heißt jedoch nicht, dass die Begegnung genau auf dieser Grenze stattfindet, sondern vielmehr dann, wenn eine Kultur in das abgegrenzte Terrain der anderen einbricht. Interkulturalität setzt somit zwei Dinge voraus: Eine Grenze und ihre Überschreitung.

Hier rückt nun der zweite zu klärende Begriff in den Blick, der des ‚Zwischen'. In der Einleitung des Aufsatzbandes *Interkulturalität. Zwischen Inszenierung und Archiv*[38] versuchen die Autoren, dieses ‚Zwischen' durch die Verschränkung des kultursemiotischen Ansatzes Jurij Lotmans mit der literaturwissenschaftlichen Theorie Michail Bachtins als kulturanthropologischen Terminus nutzbar zu machen.

Lotman begreift das ‚Zwischen' als die Grenze zwischen den Kulturen und als den Ort, an dem die Begegnung zwischen Eigenem und Fremdem stattfindet.[39] Innerhalb des semiotischen Universums, das Bedeutung, und damit auch Kultur, hervorbringt, kommt dieser Grenze eine besondere Bedeutung zu, da sie zunächst einen (Kultur-)Raum entwirft, ihn hierarchisch in Zentrum und Peripherie ordnet und somit semiotische Prozesse in Gang setzt. Während Lotman das Zentrum als streng organisiert, selbstregulativ und unflexibel beschreibt, sieht er die Peripherie von einer Spannung zwischen eigener semiotischer Praxis und auferlegten Normen geprägt, durch die neue semiotische Prozesse in Gang gebracht werden. Es entsteht hier also eine neue „kulturelle

---

[37] Geertz, Clifford (1973): *The Interpretation of Cultures*. New York: Basic Books, 130; zitiert nach Pavis (1996): 2.
[38] vgl. Rieger (1999): 9-28.
[39] vgl. Lotman (1990): 131-142; Rieger (1999): 12-14.

Ordnung", die durch die Einflüsse der kolonisatorischen Effekte innerhalb von Peripherie und Zentrum hervorgebracht wird. Die Grenze ist somit nicht nur die simple Trennung des einen Kulturraums vom anderen, sondern als ambivalenter Ort des Aufeinandertreffens, verbindend und trennend zugleich, ein Ort der Kolonisierung, der durch sein machtpolitisches Potential zu einem höchst produktiven Ort des interkulturellen Austauschs wird.
Ein ebensolches ‚Zwischen' versucht auch Michail Bachtin in seinem Begriff der Hybride zu fassen. Als Literaturwissenschaftler ging es Bachtin zunächst um die Wort- und Äußerungshybride:

> Was ist Hybridisierung? Sie ist die Vermischung zweier sozialer Sprachen innerhalb einer einzigen Äußerung, das Aufeinandertreffen zweier verschiedener, durch die Epoche oder die soziale Differenzierung (oder sowohl durch diese als auch durch jene) geschiedener sprachlicher Bewusstseine in der Arena dieser Äußerung.[40]

Bachtin fokussiert die intendierte Hybride hier zunächst in Bezug auf den Roman, und unterscheidet sie von der organischen Hybride. Während in der organischen Hybride die Zweisprachigkeit bloße biologische Tatsache ist, nutzt die Sinnhybride durch die bewusste Gegenübersetzung der beiden Stimmen deren Konfliktstruktur:

> In ihr [der Hybride] gibt es nicht nur (und sogar nicht so sehr) zwei individuelle Bewusstseine, zwei Stimmen, zwei Akzente, sondern zwei sozial-sprachliche Bewusstseine, zwei Epochen, die sich allerdings nicht unbewusst vermischt haben (wie in der organischen Hybride), sondern bewusst zusammengetroffen sind und auf dem Territorium der Äußerung miteinander kämpfen [...]. Die beiden Standpunkte werden hier nicht vermischt, sondern einander dialogisch konfrontiert.[41]

In der Postkolonialismus-Debatte wurde Bachtins literarisch-linguistische Hybride u. a. von Homi Bhabha auf kulturelle Phänomene übertragen und zu einem politisch subversiven Potential in der kulturellen Begegnung umgedeutet. Das Hybride wird als Möglichkeit kultureller Differenz zwischen Kolonisator und Kolonisiertem begriffen. Mit Lotman gesprochen wird das Hybride zum spannungsgeladenen Ort des ‚Zwischen', in dem sich Peripherie und Zentrum auf eine Weise begegnen, die zwar der

---

[40] zitiert nach: Rieger (1999): 13.
[41] ebd. 13.

beschriebenen Hierarchisierung nicht entgeht, die aber in der Konfrontation zweier Standpunkte Gleichwertigkeit zumindest denkbar werden lässt.

Diese Herangehensweise scheint für eine Definition von Interkulturalität, die auf den Untersuchungsgegenstand des Theaters von Robert Lepage anwendbar sein soll, insofern brauchbar, als der Ort der kulturellen Begegnung, das ‚Zwischen', als ein hybrider Raum verstanden wird, der zwischen dem Bewusstsein der ihm inhärenten Machtstrukturen als kolonisiertem Raum und der produktiven Nutzung dieser Ambivalenz oszilliert. Das beschriebene subversive Potential eröffnet die Möglichkeit eines pluralen Kulturverständnisses, das interkulturellen Austausch - und Theater als eine solche mögliche Ausdrucksform - zu einem Existenzmodus in einer von kultureller Diversität geprägten Welt werden lässt.

Die soziokulturellen Implikationen der kanadischen Provinz Québec erlauben es aber ebenso, künstlerische Manifestationen wie das Theater Lepages aus dem Blickwinkel einer postkolonialen Theaterforschung zu betrachten. Denn selbst wenn man die ehemalige Siedlerkolonie Kanada heute nur noch am Rande mit der Debatte um den Postkolonialismus in Zusammenhang bringt, so ist gerade die Kulturgeschichte Québecs durch diese historischen Voraussetzungen entscheidend geprägt worden. Die besonders seit den siebziger Jahren virulent gewordene politische Auseinandersetzung um den Stellenwert der französischen Sprache und der damit einher gehenden Forderung nach einer offiziellen Anerkennung der frankophonen Minderheit im politischen und alltäglichen Leben, kann durchaus als eine Art Befreiungskampf gegen eine im Inneren des Landes stattfindende Form von Kolonialismus verstanden werden.

## 3.2 Postkoloniales Theater

Zwar haben wir es weder bei Lepage noch bei anderen Theaterautoren aus Québec mit einem im engsten Sinne postkolonialen Theater im Sinne einer Vermischung von indigenen Darstellungsformen präkolonialer Herkunft mit denen der Kolonialmacht zu tun, wie es z. B. Christopher Balme in seiner Studie über Theatersynkretismus[42] beschreibt. Trotzdem sind politische Implikationen, die vor allem dem postkolonialen Theater als antiimperialistischem Werkzeug zugeschrieben werden, in den künstlerischen Manifestationen, die sich explizit mit den kulturellen Bedingungen Québecs auseinandersetzen, nicht zu negieren.

Weil Lepage als Regisseur und Theaterkünstler meist in einem Atemzug mit den großen Köpfen des europäischen bzw. westlichen Regietheaters wie Brook oder Wilson genannt wird und seine Arbeit ganz klar einem westlichen Kontext zugeschrieben werden kann, scheint es zunächst befremdlich, ihn mit dem Feld des postkolonialen Theaters in Verbindung zu bringen. Das resultiert aber vor allem aus einem zu engen Verständnis des Begriffs des Postkolonialismus:

> Post-colonialism is often too narrowly defined. The term – according to a too rigid etymology – is frequently misunderstood as a temporal concept meaning the time after colonisation has ceased, or the time following the politically determined Independence Day on which a country breaks away from its governance by another state.[43]

Oft wird Postkolonialismus als lediglich temporäres Konzept missverstanden, das der politischen Dekolonisierung folgt. Die Auswirkungen eines wie auch immer gearteten Kolonialismus sind aber weitaus tiefgreifender, als dass er lediglich das politische System beeinflussen würde. Auch dauern sie länger an als bis zu einem administrativ erklärten Unabhängigkeitstag. Seine Strukturen

---

[42] Vgl. Balme (1995): 1-70. Balme versteht unter Theatersynkretismus Theaterformen, die von einheimischen Künstlern geschaffen wurden und die aus der Interaktion zwischen „westlichen" – d. h. überwiegend europäischen – Theatertraditionen und indigenen Darstellungsformen resultieren. Er untersucht in seiner Studie Beispiele aus Nigeria, Südafrika, der Karibik, Neuseeland, Australien und Kanada auf ihre besondere theaterästhetische Beschaffenheit, die Spezifika der verwendeten Kommunikationsmittel und die Signifikanz der indigenen Darstellungsformen.
[43] Gilbert/Tompkins (1996): 2.

wirken sich auf Sprache, Bildung, Religion und Kunst, kurz gesagt auf die gesamte Kultur aus.

> Colonisation is insidious: it invades far more than political chambers [...]. Its effects shape language, education, religion, artistic sensibilities, and increasingly, popular culture.[44]

Postkolonialismus ist also vielmehr eine Auseinandersetzung und ein Bewusstwerden dieser kolonialen Diskurse, ihrer Machtstrukturen und ihrer sozialen Hierarchien. Postkoloniale künstlerische Ausdrucksformen, wie z.B. das Theater, können so als eine Form kultureller Kritik verstanden werden, die ganze Gesellschaften von den Codes kultureller Organisation zu befreien und dialektisch in die hegemoniale Produktion von kulturellem Wissen und kultureller Bedeutung zu intervenieren versuchen.

> Post-Colonialism is a politically motivated historical-analytical movement, which engages with, resists, and seeks to dismantle the effects of colonialism in the material, historical, cultural-political, pedagogical, discursive, and textual domains.[45]

Dabei kommt dem postkolonialen Theater, das durch die Realität öffentlicher Aufführungen intensiver und direkter in soziale Verhältnisse eingreifen kann, indem es koloniale Machtstrukturen bewusst thematisiert und kritisiert, eine weitaus bedeutendere Rolle zu, als das für die relativ isolierte Position von postkolonialer Erzählliteratur oder Poesie der Fall ist. Je nach politischem Umfeld geht diese im strategischen Sinne einflussreichere Stellung aber auch oft mit einer relativen Gefährdung der Theaterleute einher, denn *„[they] run a greater risk of political intervention in their activities in the forms of censorship and imprisonment"*[46]. Während ein Bücherverbot ja meist eine sogenannte *„after the fact"*-Maßnahme[47] ist, kann das Verbot und die polizeiliche Auflösung einer Theateraufführung Zuschauer und Theaterleute sozusagen während des subversiven Akts ereilen. Trotzdem bemerkt Ola Rotimi, ein nigerianischer Dramatiker, dass Theater das beste künstlerische Medium für Afrika ist *„because it is not alien in form, as it is the novel"*[48].

---

[44] ebd. 2.
[45] ebd. 2.
[46] ebd. 3.
[47] ebd. 3.
[48] ebd. 8.

Diese Tatsache macht es umso erstaunlicher, dass innerhalb des Feldes der postkolonialen Studien Theater als Ausdrucksform im Vergleich zur Untersuchung literarischer Dokumente immer noch marginalisiert ist. Die Gründe hierfür liegen in erster Linie darin, dass Theater nicht nur anhand eines schriftlich fixierten Textes rezipierbar ist, sondern sich seine Komplexität erst vollständig durch die Dokumentation von Aufführungen und Inszenierungen erfassen lässt. Neben der Untersuchung der dramatischen Sprache gilt es, auch Aspekte wie gestischen und mimischen Ausdruck, und das besonders im Fall von Darstellungsformen, die indigene Rituale verarbeiten, sowie die Organisation von Raum und Zeit und die oft veränderten narrativen und performativen Veränderungen in postkolonialen Theaterformen zu analysieren.

> Examining drama through the conceptual frameworks developed in post-colonial studies involves more than a simple and unproblematic transposition of reading strategies because some of the signifying systems through which plays ‚mean' are vastly different to those of texts not designed for performance.[49]

Postkoloniales Drama lässt sich als eine Darstellungsform charakterisieren, die auf direkte oder indirekte Weise auf die Erfahrung von Imperialismus und kolonialer Unterdrückung antwortet bzw. diese thematisiert und Formen hegemonialen Ausdrucks hinterfragt. Dabei intendiert dieses Theater, unter Benutzung oder Integration ursprünglicher Ausdrucksmittel, eine Regeneration der betroffenen Kultur. Während die indigenen Repräsentationsformen, die zum Einsatz kommen, in ihrer Art und Bedeutung je nach Kulturkreis stark variieren, ist Sprache das theatrale Zeichen schlechthin, das im postkolonialen Theater zum antiimperialistischen Werkzeug wird.

> Language is one of the most basic markers of colonial authority. [...] Postcolonial stages are particularly resonant spaces from which to articulate linguistic resistance to imperialism.[50]

Sprache funktioniert hier als das Basismedium, durch das Bedeutung nicht nur gefiltert wird, sondern ist auch ein kulturelles und politisches System, das selbst Wissen und Bedeutung hervorbringt.

---

[49] ebd. 9.
[50] ebd. 164, 166.

Die genannten Effekte von Kolonialismus, und das gilt in erster Linie - und im Falle Québecs ganz besonders - für die sprachlichen Auswirkungen auf eine Kultur, sind nicht nur nie ganz zu überwinden, sie können auch noch durch andere Arten kultureller Dominanz, die mit der ursprünglichen imperialen Macht koexistieren, daraus resultieren oder selbige überlagern, verkompliziert werden.

> [...] ‚neo-imperialism' suggests new or current kinds of cultural domination [...]. In some instances, there is no clear delineation between ‚past' and ‚present' forms of imperialism but rather a continuation of historical oppressions, or a legacy of connection between a colony and its former imperial power.[51]

Eine solche Form von Neoimperialismus kann gerade für die kanadische Provinz Québec als eine maßgeblich durch die anglo- und frankophone Kultur ihrer ehemaligen Kolonisatoren geprägte Nation geltend gemacht werden. Obwohl Neoimperialismus auch ein Machtungleichgewicht zwischen Gruppen oder Kulturen herstellt, scheinen seine Mechanismen auf weniger offensichtliche Art und Weise zu wirken, als das für den historischen Imperialismus der Fall ist. Das friedliche und inzwischen fast gleichberechtigte Zusammenleben der *„deux solitudes"* in Québec scheint zwar zunächst über solche Kulturhierarchien hinweg zu täuschen. Der bis in die späten 1980er Jahre andauernde Kulturkampf, der sich zwischen der in Québec ansässigen frankophonen Minderheit und dem restlichen, in der Überzahl anglophonen Teil Kanadas abspielte und in dessen Zentrum die Anerkennung des Französischen als erster Amtssprache in der Provinz Québec stand, ist jedoch sicher als eine solche Form von Neokolonialismus zu bewerten.

> Canada's most prominent internally colonised group is, of course, the French-speaking minority which is located primarily in Québec. Economically disadvantaged and constantly facing the threat and political domination by Anglophone Canadians, many Québécois have become vocal advocates of regional autonomy as the only solution to a protracted and often bitter debate about their position within Canada. While the long running conflict between Anglophone and Francophone communities has its historical roots

---

[51] ebd. 256 f.

in the political wrangling between France and Britain in the heyday of European empires, it has evolved into a specifically Canadian problem which can be analysed under the rubric of neo-imperialism.[52]

Die Komplexität des Diskurses, der sich hinter einer Verwendung des Begriffs des Postkolonialismus für Kanada verbirgt, resultiert aber nicht nur aus dem Nebeneinander der anglophonen und der frankophonen Bevölkerung sowie den vorausgehenden historischen Bedingungen. Neben den durch die Kolonialmächte fast vollständig vertriebenen Ureinwohnern, den kanadischen Indianern, die hier inzwischen als absolute Minoritäten leben und deren Formen kulturellen Ausdrucks für das Feld des postkolonialen Theaters ebenso von Interesse sind[53], haben wir es in der frankophonen Provinz Québec seit den siebziger Jahren mit neuen, heterogenen kulturellen Minderheiten, den sogenannten Migrationsethnien zu tun. Zusammen mit den beiden großen Kultur- und Sprachgruppen strebt jede einzelne dieser zugewanderten Gruppen nach politischer und kultureller Repräsentation, ein Phänomen, das erst in den letzten fünf Jahren innerhalb des gerade neu entstehenden Forschungsgebiets der ‚*Études Québécoises*' wissenschaftliche Beachtung findet.

Während die dramatischen Werke der sogenannten ‚*auteurs migrants*' bis jetzt nur sehr zögerlich und kaum in einem den komplexen Bedingungen angemessenen Rahmen einer interkulturellen Theaterforschung rezipiert worden sind, gibt es eine ganze Reihe von Québecer Dramatikern, die das Verhältnis zwischen Anglophonen und Frankophonen in ihren Stücken thematisieren. Vor allem während der 1970er Jahre war das Québecer Theater auf einer passionierten Suche nach einer Bühnensprache, durch die die Erfahrungen der Debatte um sprachliche und kulturelle Identität dargestellt werden konnten. Eine Vielzahl der Stücke wandte sich dabei nicht nur gegen die anglo-kanadische Hegemonie, sondern auch gegen amerikanische und französische Einflüsse auf die Kultur Québecs. Zusammen mit

---

[52] ebd. 262 f.
[53] Balme fasst deren Theaterformen unter den Begriff eines ‚Theaters der Vierten Welt', da ihre Kolonialerfahrung insofern einen besonderen Verlauf genommen hat, weil ihr Land ihnen im Zuge von Dekolonisierungsprozessen nicht „wiedergegeben" wurde und sie nun als Minoritäten leben. Neben Kanada zählt er hierzu auch das Theater der Aborigines in Australien und das der Maoris in Neuseeland. Vgl.: Balme (1995): 61f.

Michel Tremblay haben Dramatiker wie Jean Barbeau und Jean-Claude Germain das klassische französische Theatermodell und auch die standardisierte französische Sprache zugunsten eines spezifischen kulturellen Ausdrucks, der den kulturellen Bedingungen der frankophonen Provinz entspricht, zurückgewiesen. Hier sind in erster Linie die Favorisierung von antinaturalistischen Darstellungsformen im Sinne eines Brechtschen Stils und die Verwendung des Québecer Dialekts *joual* als Bühnensprache zu nennen.

Obgleich gerade das Werk Michel Tremblays auch andere als die genannten thematischen Schwerpunkte aufzeigt, ist die Mehrheit seiner Stücke aus einem postkolonialen Bewusstsein heraus entstanden. Er selbst erläuterte diese Tatsache anlässlich einer Diskussion über sein 1974 entstandenes Stück *Hosanna* und beschreibt die gleichnamige Hauptfigur, eine Transvestitin, wie folgt:

> Hosanna always wanted to be a woman who always wanted to be an English actress in an American movie about an Egyptian myth in a movie shot in Spain. In a way, this is a typically Québécois problem. For the past 300 years we were not taught that we were a people, so we were dreaming about somebody else instead of ourselves.[54]

Die Suche nach einer kulturellen Identität, die alle Implikationen des Kulturraums Québec vereint, ist auch im Theater von Robert Lepage ein immer wiederkehrendes Motiv. Besondere Beachtung findet hierbei das Relationsgefüge zwischen Eigenem und Fremdem und die Frage, inwieweit man angesichts einer immer größer werdenden kulturellen Diversität überhaupt noch von einer einheitlichen und konstanten Konzeption von Nation sprechen kann. Innerhalb der postkolonialen Diskussion und der Debatte um das Wirken von imperialen Machtstrukturen hat sich in diesem Zusammenhang ein komplexes Diskursfeld um die Begriffe von Identität und Alterität gebildet, das im Folgenden kurz skizziert werden soll.

---

[54] zitiert nach Gilbert/Tompkins (1996): 263.

*In a world with too many voices speaking all at once [...] it becomes increasingly difficult to attach human identity and meaning to a coherent ‚culture' or ‚language'.*

James Clifford[55]

## 3.3 ‚Identität' und ‚Alterität' im postkolonialen Diskurs

Angesichts der Realität von Massenmigration in einer immer mobiler werdenden Welt und der Verschiebung von nationalen und kulturellen Grenzen, hat sich in der postkolonialen Diskussion eine höchst komplexe Debatte um die Begriffe ‚Identität' und ‚Alterität' entwickelt. Als prominentester Vertreter ist in diesem Zusammenhang der indisch-englisch-amerikanische Literaturwissenschaftler Homi Bhabha zu nennen, der sich in seinen Schriften mit dem Machtapparat des kolonialen Diskurses beschäftigt.[56] Bhabha beschreibt die Dichotomie von ‚Eigenem' und ‚Fremden' als ein ideologisches Konstrukt des westlichen Diskurses. Indem die Kolonisatoren in Abgrenzung zu ihren Vorstellungen des ‚Selbst' ein dem antagonistisch gegenüberstehendes Bild des ‚Anderen' (des Kolonisierten) entwerfen, und dieses ‚Andere' somit zu ihrem Komplementär machen, stellen sie eine binäre Opposition her, der das von Bhabha kritisierte Machtgefälle inhärent ist. Erst durch die unauflösbare Verknüpfung von ‚Eigenem' und ‚Fremdem', von ‚Selbst' und ‚Anderem', erhält das ‚Eigene' seine vollständige Bedeutung. Bhabha versucht diese binären Oppositionen in Weiterenwicklung von Fanon und Lacan aufzulösen. Das ‚Andere' ist nicht außerhalb unserer Kultur und damit auch unserer (kulturellen) Identität zu verorten, sondern nimmt einen Platz innerhalb eines jeden kulturellen Systems ein. Das ‚Eigene' und das ‚Fremde' werden nicht mehr länger als Gegensätze erlebt, sondern durch die Erfahrung mehrfacher kultureller Zugehörigkeiten und angesichts der Unmöglichkeit einer festen Identitätszuschreibung reichen Andersheit und Verfremdung unmittelbar in die Selbsterfahrung herein. Für Bhabha ist die Idee von Identität eng mit dem Begriff von Kultur verbunden. Bei der Begegnung zweier oder mehrerer Kulturen im postkolonialen Raum haben wir es nicht mit einer Vermischung oder einem bloßen

---

[55] zitiert nach Balme (1995): 27.
[56] Bhabha (2000)

Nebeneinander zu tun, sondern durch ihr Aufeinandertreffen entsteht ein Spannungsfeld, ein Zwischenraum, den Bhabha als *third space*, als ‚Dritten Raum' bezeichnet:

> Die Ungleichzeitigkeit globaler und nationaler Kulturen eröffnet einen kulturellen Raum – einen dritten Raum – , in dem das Aushandeln unvereinbarer Differenzen eine für Grenzexistenzen typische Spannung hervorruft.[57] [...] Indem wir diesen dritten Raum auskundschaften, können wir der Politik der Polarisierung entkommen und unser Selbst als ein Anderes neu erfahren.[58]

Dieser ‚Dritte Raum' erweist sich somit als eine spezifische Existenzform, zugleich aber auch als Ausgangspunkt eines kulturwissenschaftlichen Konzepts von transnationaler hybrider Kulturüberlagerung. Es geht Bhabha darum, eine Öffnung und Dynamisierung des Kulturbegriffs voranzutreiben. Der ‚Dritte Raum' ist keineswegs nur ein Ort oder Zustand zwischen den Kulturen, sondern auch eine Strategie der Vervielfältigung nichthomogener Schichten innerhalb einer jeweiligen Kultur. Eine neue Praxis von Interkulturalität bestünde also darin, jenseits fester Identitätskorsetts zu den Vielschichtigkeiten und Widersprüchlichkeiten auch der eigenen kulturellen Traditionsstränge vorzudringen. So könnte unser Verständnis von Kultur als einem Ort fester Zugehörigkeit zugunsten einer Vorstellung von Kultur als einem Moment des Übergangs und der Entwicklung aufgegeben werden.

Für Bhabha ist auch das zentrale Problem nicht als Identitätsfindung, sondern als Differenz an jenem dritten Ort, in einem ‚Dazwischen' zu verorten. Gerade die Randposition von kolonialen Subjekten kann dazu genutzt werden, feste Zuschreibungen von Identität und fixierte Grenzziehungen neu zu verhandeln:

> Es geht um das Aushandeln von Identitätsunterschieden [...]. Differenz ist weder das Eine noch das Andere, sondern etwas Anderes darüber hinaus, dazwischen ...[59]

Wenn das Andere, also die Subjekte des Kolonialismus, seine Stimme in einem Diskurs erhebt, der es marginalisiert bzw. ausschließt und auf der Berücksichtigung seiner Autonomie beharrt,

---

[57] ebd. 326.
[58] ebd. 58.
[59] ebd. 327.

dann kann sich hier der von Bhabha gedachte ‚dritte Raum' öffnen, an dem sich die kulturelle Differenz als subversive Kraft manifestiert. Wenn Bhabha in der Betonung dieser kulturellen Differenz so über die Utopie einer kulturellen Vielfalt herausgeht, dann denkt er damit immer auch die interne Differenz eines jeden Subjekts mit, nämlich seine Spaltung in ein Subjekt des Aussagens (*de l'énonciation*) und in ein ausgesagtes Subjekt (*de l'énoncé*). Anders gesagt: Das, was das Subjekt über sich selbst sagt, stimmt nicht mit dem Wissen überein, das der Diskurs über es produziert. In Anlehnung an die Diskursanalyse Foucaults macht er so deutlich, dass der Diskurs, der die Subjekte beherrscht, sie auch hervorbringt, es also keine vorgängige Identität geben kann. Aus der Kluft, die sich aus dem Paradox des sprechend-gesprochenen Subjekts ergibt, erwächst die Differenz: Das Andere, das nicht das Eine und nicht das Andere ist. Der dritte Ort ist derjenige, von dem die vom Diskurs marginalisierten Subjekte sprechen können. So soll es möglich sein, sie nicht auf eine ethnische Position festzulegen, sondern ihre Identität als Überschreitung jener verschiedenen Teilaspekte zu begreifen, die nur in ihrer Verknotung und Hybridisierung eine kulturelle Identität des Individuums ausmachen.

Eine solche Form von Hybridität, die als Schlüsselkonzept der Bhabha'schen Theoriebildung gelten kann, ergibt sich sowohl für den Begriff der Identität, in dem sich das Eigene und das Fremde auf produktive Art und Weise begegnen, als auch für eine Vorstellung von Kultur, die sich als prozesshaft und oszillierend begreift. Hybrid ist all das, was sich einer Vermischung von Signifikantenketten verdankt, was unterschiedliche Technologien verknüpft, was durch Techniken der Collage und des ‚*samplings*' zustande kommt. In solcherart hybridisierten Kulturen kann nationale Identität bestenfalls noch eine unter vielen sein, und die Eröffnung des Bhabha'schen ‚Dritten Raums' der Differenz wird zum gezielten Gegenentwurf einer Identitätspolitik, die dazu neigt, ethnische Unterschiede festzuschreiben und diese in den Dienst von Ausgrenzungen zu stellen.

> *Jede Kultur ist in sich ‚multi-*
> *kulturell', nicht nur, weil es immer*
> *eine vorgängige Akkulturation*
> *gegeben hat und es keine einfache,*
> *reine Herkunft gibt, sondern vor*
> *allem deshalb, weil der Gestus der*
> *Kultur einer des Vermischens ist.*
> Jean-Luc Nancy[60]

## 3.4 Multikulturalität

Der Begriff der Multikulturalität steht für ein Konzept, das die ethnische Vielfalt und das Nebeneinander heterogener sozialer und kultureller Gruppen in einer Gesellschaft beschreibt. Auch aus politischer Sicht hat er gerade im klassischen Einwanderungsland Kanada eine besondere Bedeutung erhalten und steht seit 1971 für die offizielle Regierungspolitik und deren Bestreben, die Gleichberechtigung aller in der kanadischen Gesellschaft vertretenen Kulturen zu gewährleisten und ihr soziales Miteinander zu fördern. Seit 1972 existiert ein eigenes Staatsministerium für Multikulturalismus und der *Canadian Multiculturalism Act* von 1988 stellt die Prinzipien des gleichberechtigten Neben- und Miteinanders in der ethnischen Heterogenität der kanadischen Gesellschaft im Sinne einer Politik der gegenseitigen Anerkennung und des Respekts auf eine gesicherte und juristische Basis.[61]

Aber auch in der postkolonialen Diskussion ist der Terminus Multikulturalität einer der zentralen Begriffe, da er ein gesellschaftliches Phänomen beschreibt, das als ein typisches Merkmal der kulturellen Produkte im postkolonialen Raum immer wieder vorkommt. Positiv verstanden betont Multikulturalität die kulturellen Unterschiede in einem egalitären Kontext im Sinne einer Bereicherung der gesamten Gesellschaft durch die Heterogenität ihrer Bestandteile. Eine solch pluralistische Konzeption einer ‚unity in diversity'[62] bleibt aber insofern problematisch, als sie die einzelnen kulturellen Faktoren als feste und kohärente Entitäten versteht, und damit einer auf Differenz basierender Kulturvorstellung, wie sie, wie gezeigt, Homi Bhabha, aber auch anderer Vertreter der postkolonialen Kritik formuliert haben, widerspricht.

---

[60] zitiert nach Rieger (1999): 18.
[61] vgl. Tétu de Labsade (1997): 110.
[62] vgl. Goetsch (1997): 141.

Während der Multikulturalismus das Modell einer kulturellen Koexistenz ist, impliziert ein Modell kultureller Hybridität im Sinne Bhabhas eine Art Zirkulation, Interaktion und unvorhersehbare Fusion verschiedenster kultureller Komponenten. Multikulturalismus aber begreift Kulturen als autonome Totalitäten, und jedes „wir" bezeichnet eine leicht identifizierbare und abgrenzbare Einheit, die durch ihre Gewohnheiten, ihren Glauben etc. definiert wird. Auch wenn der Multikulturalismus als offizielle Politik ein starkes Bild kultureller Vielfalt zu transportieren vermag, so unterstützt er gleichzeitig eine Vision von Kultur, die auf Kategorien der Festschreibung beruht.

Ausgehend von seinem Verständnis kultureller Hybridität, verwirft aber gerade Bhabha sowohl die Idee einer *„purity of culture"*[63], als auch solche Formen kolonialen Widerstands, die auf den Begriff von Nation vertrauen und eine Rückbesinnung auf nationale Traditionen fordern. Er betont stattdessen die Ambivalenz des Nationaldiskurses und unterstreicht die Bedeutung der in ihm immer wieder zum Tragen kommenden intrakulturellen Differenzen:

> Das Ziel der kulturellen Differenz besteht darin [...], das Kalkül von Macht und Wissen durcheinander zu bringen, wodurch andere Räume subalterner Signifikation hervorgebracht werden.[64]

Gerade in diesen Momenten des Bruchs entsteht nämlich jener schon beschriebene ‚Dritte Raum', der nicht nur das Festschreiben von festen Identitäten verhindern soll und kann, sondern der auch jene kulturelle Differenz hervorbringt, die zu immer neuen Bedeutungsformen und Identifikationsstrategien führt und so eine Fixierung des Wesens der Nation und ihrer Traditionen verhindert:

> Die Möglichkeit kulturellen Widerstreits, die Fähigkeit, die Erkenntnisgrundlage zu verschieben oder am „Krieg um Positionen" teilzunehmen, ist kennzeichnend für die Etablierung neuer Bedeutungsformen und Identifikationsstrategien.[65]

Wenn man bei Bhabha also überhaupt von einem Multikulturalitätsbegriff sprechen kann, dann nur, wenn man darin seine Auffassung von Nation als einen Ort kultureller Differenz

---

[63] Babha (2000): 57.
[64] ebd. 241.
[65] ebd. 242.

mitdenkt. Ethnische Vielfalt impliziert hier die Umkonzeptionierung der Idee einer kollektiven und kontingenten Identität hin zu einem heterogenen und hybriden Kulturverständnis, in dem es weniger um Ausschluss des Nicht-Dazugehörigen geht, als um die Produktivität der internen Differenzen.

Die Einordnung der Begriffe Identität, Alterität und Multikulturalität in die Debatte der postkolonialen Kritik hat nicht nur gezeigt, dass sie innerhalb dieser Diskussion sehr eng miteinander verwoben sind, sondern auch, dass sie gerade bei Homi Bhabha schließlich alle in seinem Hybriditätskonzept und seiner Idee des ‚third space' aufgehen. Für eine Beschreibung des Kulturraums Québec scheint dieser Ansatz aufgrund der genannten soziopolitischen Gegebenheiten sehr brauchbar zu sein, wenngleich aber die offizielle Politik des Multikulturalismus der kanadischen Regierung dem philosophischen Konzept der kulturellen Hybridität gegenübersteht. Dabei gilt es jedoch zu bedenken, dass es sich bei ersterem um einen realpolitischen Fakt handelt und letzteres als theoretisches Konzept verstanden werden muß. Die Idee einer multikulturellen Gesellschaft im Falle Québecs kann aber, wie aus den Überlegungen Bhabhas hervorgeht, dessen Gedanken der Differenz durchaus einschließen.

Ausgehend von der Situierung der Termini Identität, Alterität und Multikulturalität im Diskurs des Postkolonialismus soll nun versucht werden, sie für eine kulturwissenschaftliche Betrachtung des Theaters von Robert Lepage zu verwenden. Anhand der exemplarischen Analyse der *Trilogie des Dragons* soll im zweiten Teil der Arbeit gezeigt werden, dass sich Lepages Schaffen auf paradigmatische Art und Weise immer mit der Frage nach einer ‚identité québécoise' beschäftigt und dass sämtliche kulturelle Faktoren, die für die Provinz Québec, aber auch grundsätzlich für eine von Migration und kulturellem Austausch geprägten Welt spezifisch sind, in seinem Theater zum Tragen kommen.

# 4. Theater in Québec

## 4.1 Eine kurze und junge Theatergeschichte

Um Robert Lepage und sein Theater innerhalb des Kulturraums Québec situieren zu können, muss zunächst ein Blick auf die Geschichte des Theaters in der frankophonen kanadischen Provinz geworfen werden. Bemerkenswert ist hier in erster Linie, dass das Theater in Québec bis zur Mitte des zwanzigsten Jahrhunderts kaum eine Rolle gespielt hat, eine Tatsache, die in besonderem Maße mit den beschrieben sozio-ökonomischen Realitäten dieses Kulturraums zusammenhängt:

> Le théâtre n'a occupé une place importante dans l'histoire littéraire du Québec que tardivement. Des conditions socio-économiques particulières y ont longtemps entravé la mise en place de l'infrastructure nécessaire à une dramaturgie nationale.[66]

Bis zu Beginn des zwanzigsten Jahrhunderts war die Gesellschaft Québecs vor allem durch die Landwirtschaft geprägt und auch die kleinbürgerliche Bevölkerung der Städte, die nach wie vor der religiösen Moral des katholischen Klerus unterworfen war, bot kaum ein stabiles Publikum, das zur Entwicklung einer aktiven Theaterlandschaft hätte beitragen können.

Zwar gab es sowohl unter der französischen Kolonialmacht als auch unter dem britischen Regime in Kanada Theateraufführungen in französischer Sprache, aber die gespielten Stücke stammten fast ausschließlich aus dem Repertoire des europäischen Theaters (Shakespeare, Molière) und dienten der Unterhaltung der europäischen Kolonialherren zu bestimmten gesellschaftlichen Anlässen. Das erste in französischer Sprache aufgeführte Stück war 1606 Marc Lescarbots *Le théâtre de Neptune en la Nouvelle France*.

> [..] presented by French explorers, it included words in various native Canadian languages, as well as references to Canadian geography, within a more typically French style of play. The nature of theatre designed for colonial officers [...] required that the plays produced in these countries be reproductions of imperial models in style, theme and content.[67]

---

[66] Gasquy-Resch (1994): 176.
[67] Gilbert/Tompkins (1996): 8.

Dieses Stück verfolgte aber lediglich die Repräsentationsinteressen der Kolonialmacht und kann daher, wie auch die theatralen Aktivitäten des 18. und 19. Jahrhunderts, nicht innerhalb einer nationalen Québecer Theatergeschichte genannt werden. Die Gründung des *Théatre National* im Jahre 1900 und des *Théâtre des Nouveautés* 1902, sowie die Schaffung der ersten professionellen frankokanadischen Theatertruppen signalisierten den Beginn eines kommerziellen Theaterbetriebs in französischer Sprache. Trotzdem blieb das Repertoire dieser Theater weiter eng an das des französischen Vorbilds angelehnt und kennzeichnete sich zunehmend auch durch die Übernahme amerikanischer Einflüsse aus dem Bereich des Boulevardtheaters.

Erst im Rahmen der tiefgreifenden gesellschaftlichen und sozialen Veränderungen, die mit der *révolution tranquille* einher gingen, bildete sich in Québec eine nationale Theaterszene, die sich vor allem der Gründung von Institutionen wie dem *Conseils des Arts du Canada*, einer *École nationale du Théâtre* und besonders dem *Centre d'Essai des Auteurs Dramatiques (CEAD)* zu Beginn der 1960er Jahre verdankte. Parallel zu dem sich entwickelnden Nationalismus im Sinne einer kulturellen Emanzipation von den Wurzeln der Kolonialmacht Frankreichs, bemühten sich eine Reihe von Theaterautoren, diesem Bewusstsein durch das Schaffen von Québecer Charakteren und der expliziten Verwendung einer ihnen eigenen Sprache, dem *joual*, Rechnung zu tragen:

> It was at this point in the late 1960s that Quebec dramatists, long intimidated by foreign masterpieces, decided it was time to create Québécois characters. [...] By adopting the daily parlance of Montreal's poor east-end and using it in a more conscious and aggressive manner than their elders, young Québécois writers showed [...] that the speech of the Québécois, peppered as it is with archaic French terms and mangled English, displays a vigor, truth and, indeed, a harsh, unsettling beauty.[68]

Die Uraufführung des Stücks *Les belles sœurs* von Michel Tremblay 1968, das in eben jenem Bewusstsein der Unzulänglichkeit der stilisierten französischen Hochsprache entstanden ist, markierte den entscheidenden Umbruch in der Geschichte des Québecer Theaters. Zum ersten Mal thematisiert ein Autor unter der Verwendung der Montréaler Alltagssprache die soziale Misere der Frauen der

---

[68] Vaïs (1985): 120.

Arbeiterklasse und die Entfremdung ihres sozialen Umfelds. Die ungeschminkte Darstellung des tristen und immer gleichen Alltags, ihr einengendes Dasein als Mütter und Hausfrauen, untermauert von einem bigotten Glauben, kultureller Verarmung und Rassismus, bilden den Hintergrund für die konsequente Verwendung des ‚parler montréalais', die nicht nur ein realistisches Bild der Québecer Gesellschaft zeichnet, sondern auch zur politischen Waffe wird:

> L'utilisation du joual n'est pas seulement réaliste, elle est l'arme de la satire; son âme aussi, car cette sous-langue, fruste et hybride, se révèle la voix même de l'aliénation.[69]

In einem Interview mit der Zeitschrift *Le Magazine Littéraire* erläutert Tremblay die Entstehung wie folgt:

> En 1965, j'ai rencontré André Brassard. Nous allions au cinéma pratiquement tous les soirs et nous n'aimions guère les films québécois de l'époque sans pouvoir dire pourquoi. Et puis un jour j'ai compris [...] En suivant le dialogue je me suis aperçu que les personnages ne parlaient pas ma langue ni la langue de personne [...]. Donc, en sortant du cinéma, j'ai dit à Brassard que j'allais essayer d'écrire un dialogue entre deux femmes dans le langage populaire québécois. Quelques jours après les deux femmes étaient devenues quinze et mon exercice de style *Les Belles Sœurs*.[70]

1965 entstanden, stößt das Stück zunächst aufgrund seiner nichtliterarischen Sprache und des polemischen Inhalts auf harsche Kritik, und auch die Jury des *Festival d'art dramatique canadien* lehnt die Aufführung kategorisch ab. Vergeblich bietet Tremblay in den folgenden drei Jahren seinen Text verschiedenen Theatern an. Erst eine öffentlich Lesung im *Centre d'essai des auteurs dramatiques (CEAD)* im Jahr 1968 und die anschließende Inszenierung von André Brassard im *Théâtre du Rideau Vert* machen den Text publik und lösen eine kontroverse, aber auch passionierte Diskussion über Form und Inhalt aus.

Neben Michel Tremblay sind es vor allem Dramatiker wie Jean Barbeau, Jean-Claude Germain, Antonine Maillet und Dominique de Pasquale, die versuchen, eine spezifische theatrale Sprache zu entwickeln, die bewusst mit den Traditionen des klassischen Dramentextes und des literarischen Kanons bricht. Sie schaffen

---

[69] Corzani (1998): 265.
[70] Michel Tremblay im Interview mit Marc Kraven in *Le Magazine Littéraire*, no 134 (März 1978), zitiert nach: Corzani (1998): 264.

Charaktere, deren Ohnmacht, kulturelle Entfremdung und sprachliche Verarmung Ursache von linguistischer Unterdrückung und ökonomischer Ausbeutung der Québecer Arbeiterklasse sind. Die Verwendung des *joual* provoziert hierbei einen identitätsstiftenden Wiedererkennungseffekt, der sowohl die französische als auch die literarische Norm zerstört. Die Dramatiker des ‚*nouveau théâtre québécois*' begreifen das *joual* als politische Waffe gegen den noch immer wirkenden kulturellen Kolonialismus und fordern das Entstehen eines authentischen Kulturbewusstseins, das seine Wurzeln in der Québecer Wirklichkeit hat.

Im Zuge dieser Neuorientierung der Québecer Dramatiker hin zu einem Theater, das der sozialen und gesellschaftlichen Wirklichkeit der Provinz Québec gerecht wird, bilden sich, durch Institutionen wie das *CEAD* gefördert, eine Reihe von Kollektivtheatern, die das Autorentheater und die literarische Verankerung des Theatertexts sowie die klassische Hierarchie der Theaterproduktionen hinterfragen.

> The Canadian Alternative Theatre movement shared with its American and European counterparts a strong political orientation; rejection of the traditional author-actor-director triangle; the use of non-traditional space; a new approach to the audience, improvisation and collective creation; ‚poor theatre' techniques, and an emphasis on ‚process', rather than ‚product'.[71]

Während alternative Theaterbewegungen im englisch-amerikanischen oder im deutschen Sprachraum vor allem eine Protestbewegung gegenüber etablierten Formen von Theater, deren traditionellen Ausdrucksformen und Trainingsmethoden waren, ist das sogenannte ‚*jeune théâtre*' in Québec auch als zweite Woge der gerade beginnenden Entwicklung einer originären Theaterlandschaft zu verstehen. Die Truppen des ‚*jeune théâtre*' positionierten sich zwar bewusst in Abgrenzung zum literarischen ‚*nouveau théâtre québécois*', dessen Herangehensweise ihnen besonders in formaler Hinsicht nicht radikal genug war, intendierten aber inhaltlich zunächst eine Weiterführung ihrer Ansätze. Die kollektive Arbeit wurde für sie zum politischen Akt, zur Demonstration eines Handlungsbedürfnisses, das auf demokratischem und kollektivem Einsatz beruht.

---

[71] Usmiani (1985): 49.

Obwohl diese alternative Theaterszene ihre Blütezeit in erster Linie in den 1970er Jahren hatte, sind besonders in Montréal bis heute eine Reihe von Truppen erhalten geblieben, die inzwischen zum ‚mainstream' gehören. Daneben entstanden in den letzen Jahren neue alternative Truppen, die ihr Interesse vom ursprünglich politisch orientierten Theater und der Verbreitung neuer Stücke junger Autoren hin zu einem passionierten Experimentieren mit Stil und Technik verlagert haben:

> Le jeune théâtre a moins et moins le cœur militant [...]. Dans les années soixante-dix, plusieurs ont cru changer le monde; depuis quelques temps, c'est plutôt le théâtre qu'on veut changer.[72]

In diesem Kontext ist das 1980 von Jacques Lessard gegründete *Théâtre Repère* zu nennen, zu dem 1981 auch Robert Lepage stößt und dessen Theaterarbeit in entscheidendem Maße durch die ‚méthode Repère' beeinflußt wird. Jacques Lessard war zunächst Dozent am *Conservatoire d'art dramatique* in Québec, als er während eines einjährigen Aufenthalts im *San Francisco Dancer Workshop* mit den von dem amerikanischen Architekten Laurence Halprin entwickelten *R.S.V.P.-Cycles*[73] in Berührung kam. Er adaptierte dessen Kreativitätsmodell für eine theatrale Praxis, die über die Herangehensweise der Kollektivtheater hinausgeht und die Entwicklung eines Stücks nicht auf der Basis einer Idee, sondern anhand eines konkreten Objekts konzipiert. *Repère* bedeutet ‚Anhaltspunkt' oder ‚Markierung' und steht als Akronym für die Anfangsbuchstaben der Begriffe, die die vier Etappen eines Entwicklungszyklus benennen: **RE**ssource; **Pa**rtition; **E**valuation und **Re**présentation. Diese Arbeitsphasen lassen sich wie folgt beschreiben: Zu Beginn einer Produktion steht die Suche nach einer Quelle (ressource), eines Objekts, das zum Ausgangspunkt eines intuitiven Sammelns von Assoziationen wird. Alle am Schaffensprozess Beteiligten tragen ihre Gedanken, Emotionen und Erinnerungen, die sie mit dem konkreten Objekt verbinden, als Material zusammen. Eine ‚ressource' ist im Gegensatz zu einem Thema etwas, was nicht auf intellektueller Basis diskutiert werden

---

[72] Gilbert David, Professor für Theaterwissenschaft an der Université de Montréal (UdM), zitiert nach Usmiani (1985): 58.
[73] RSVP steht als Kürzel für *resource, score, valuation* und *presentation* und wurde von Halprin für einen kollektiven Arbeitsprozess in der Architektur konzipiert. Seine Frau leitete den von Lessard 1979 besuchten Bewegungsworkshop in San Francisco und so lernte dieser dessen Arbeitsmethode kennen.

kann, sondern vielmehr auf Intuition beruht. Lepage erläutert diesen für ihn wichtigsten Faktor im Entwicklungsprozess eines Stücks so:

> It doesn't matter where you begin. As long as it's not with a theme, but with a sign, a resource. [...] You know what I mean by theme and resource? The survival of an artist, that's a theme. If a group of actors get together and discuss it, we'll argue. The debate will become very intellectual. And at the end, the piece will be beige, because it depends only on the confrontation of ideas. A resource is something solid. A fried egg, for instance. If someone says that he sees in a fried egg something that has died so that someone else can live, I can't argue with that. It's a feeling.[74]

Im zweiten Schritt wird mit dem gesammelten Material gearbeitet, improvisiert und versucht, die Dimensionen der ‚*ressource*' im Gesamten zu erfassen. Die Ergebnisse dessen werden dann in der ‚*évaluation*' zusammengetragen, bewertet und nach Brauchbarkeit für den theatralen Prozess geordnet:

> L'évaluation est le moment charnière des choix qui, suivant les objectifs du créateur, établiront la structure du spectacle.[75]

Letzter aber prinzipiell auch wieder erster Punkt im Zyklus ist die ‚*représentation*', die Aufführung des fertigen Stücks, das in der Theorie möglicherweise wieder zum Ausgangspunkt für eine neue Suche nach Ressourcen werden und in dem nicht verwendete Elemente der ersten Arbeitsphase Eingang finden könnten. So wurde *Repère* zum Markenzeichen für einen zyklisch angelegten Schaffensprozess, für den gilt „*never work from a theme, always from a resource*"[76] und der der Theaterpremiere ihre vermeintliche Endgültigkeit im Produktionsverlauf nimmt.

Lessard konzipierte seine *méthode Repère* im Zuge einer Neuakzentuierung theatraler Praxis, die die literarische Basis des Autorentheaters hinter sich lässt und bewusst eine neue szenische Sprache entwickelt.

> Au Québec, comme partout ailleurs, nous assistons à l'affirmation du rôle du metteur en scène en même temps qu'à l'approfondissement du langage scénique dans sa

---

[74] Manguel (1989): 34.
[75] Roy (1993): 14.
[76] Lefèbvre (1987): 34.

multiplicité. La recherche de nouvelles formes d'expression théâtrales, expérimentées au cours des deux dernières décennies, prouve la vitalité de ce questionnement dans notre dramaturgie, qui, non seulement transpose et communique une réalité québécoise d'aujourd'hui, mais participe au renouveau théâtral contemporain dans son ensemble.[77]

Die Stücke des *Théâtre Repère* sind das Ergebnis eines Schaffensprozesses, der auf der Methode der beschriebenen *Cycles Repère* beruht. Die paradigmatische Herangehensweise über ein konkretes Objekt wird im Theater zu einer Sprache von Bildern, die die künstlerische Botschaft vollkommen neuen semantischen Regeln unterwirft. Im Sinne eines neuen theatralen Kommunikationssystems schaffen die Inszenierungen von Lessard oder Lepage eine Folge multidimensionaler Bilder, deren Strukturen die Träger von bis dato nicht gekannten Rezeptionsprozessen sind. Visuelle und auditive Zeichen ergänzen sich „*dans la nécessité de redonner un monde conçu à travers et pour notre imaginaire moderne*"[78].

Robert Lepage stieß 1981 zur Truppe *Repère*, und seine Kreationen sind von der Methodik Lessards in entscheidendem Maße beeinflusst worden. Trotzdem wehrt er sich dagegen, sein Schaffen ausschließlich und uneingeschränkt einer Art von Schule gleichzusetzen. In einem Interview mit Martin Ortega betont er „*I have no method, I have an attitude*"[79], und erläutert, dass er die ‚méthode Repère' eher als einen Ansatzpunkt für eine intuitive theatrale Praxis, denn als doktrinäres Arbeitskonzept begreift:

> [...] when I became a member of *Théâtre Repère*, I wasn't that much aware of all the different rules and things. I've always intuitively used the method in a sense that I was already working in that way without knowing that it could actually be a cycle, or a way of working, or a method. We never really respected everything. I think that Jacques on this part was much closer to the Repère Cycle system. He was using it in a very methodic way. We were using a freer form and trying to adapt the rules of it to our feelings and our intuition. I always felt that it found its way better like that; it

---

[77] Roy (1993): 11.
[78] ebd. 12.
[79] Ortega (1997): Anhang 9, 6.

was closer to the intuitions and feelings of the people using it when we weren't strangled by the rules.[80]

Obwohl das Theater von Robert Lepage sicherlich eine nur ihm eigene Sprache spricht, ist sein kreatives Schaffen auch im Kontext der beschriebenen Entwicklungen der Theaterszene Québecs zu betrachten. Erst in den letzten vierzig Jahren hat sich hier eine eigenständige nationale Theaterszene entwickelt, die sich zunächst auf inhaltlicher Ebene mit den Belangen einer eigenen kulturellen Identität auseinandersetzte und dann auch auf formaler Ebene an den vielschichtigen Transformationsprozessen des Theaters teilhatte. Wenn auch in einer anderen Dimension als es die Autoren der ersten Generation wie Michel Tremblay oder Jean-Claude Germain taten, so setzt sich auch das Theater von Robert Lepage immer wieder explizit mit den identitären Konflikten innerhalb der frankophonen Provinz auseinander.

> His performances are invariably concerned with cultures inter/acting, with ever-shifting states of existence – Québec, Canada, the world, even the cosmos itself – as they visibly transform themselves through endless permutations and combinations within a local and universal context.[81]

Und auch auf formaler Ebene lässt sich seine Arbeit als Weiterentwicklung der von Tremblay geforderten Revolution der theatralen Sprache beschreiben. Während jedoch die Autoren des *nouveau théâtre québécois* ihren Ansatz in erster Linie in der konsequenten Verwendung des *joual* als Bühnensprache sahen, stellt Lepage die Hierarchie von Sprache in seinem Theater grundsätzlich in Frage.

> Whereas Michel Tremblay's generation overturned colonially inherited linguistic assumptions through the celebration of *joual*, Lepage's generation, engaged in a more complex process of political dissociation, has been driven by a subconscious need to get rid of the contaminating influence of any kind of written language.[82]

Die *work-in-progress*-Methode des *Théâtre Repère* war und ist für Lepage eine mögliche Form, eine neue Theatersprache zu entwickeln, die den kulturellen und medialen Veränderungen des Mediums Theater Rechnung trägt. Das künstlerisches Procedere des

---

[80] McAlpine (1996): 134.
[81] Salter (1991): 26.
[82] ebd. 27.

„only world class director that Canada (or is it just Québec?) has ever produced"[83] ist aber weitaus vielschichtiger und verdient daher eine differenziertere Betrachtung.

> What interests me in theatre is, that it's a living thing which keeps moving.
> 
> Robert Lepage[84]

### 4.2 Who is that Nobody from Québec?[85]

Mit Produktionen wie der *Trilogie des Dragons* (1986), *Tectonic Plates* (1988) oder dem Sieben-Stunden-Epos *The Seven Streams of the River Ota* (1995) über Hiroshima erlangte er Weltruhm, die Ein-Mann-Produktionen *Vinci* (1986) oder das Hamlet-Projekt *Elsino*r (1995) machten ihm einen Namen als Solo-Performer, und Inszenierungen an internationalen Bühnen wie dem Kungliga Dramatiska Teatern in Stockholm oder der Opéra de la Bastille in Paris reihen ihn ein die Riege der bedeutendsten internationalen Regiegrößen unseres Jahrhunderts. „*Lepage's range of theatrical interest is as outstanding as his talent. (...) Widely recognized as the most innovative theatre director in Canada, he has (...) established himself as a performing arts force in three continents.*"[86] Sein Name ist aus der europäischen Festivallandschaft nicht mehr wegzudenken und Fachpublikum und Kritik sind sich einig, wenn sie Robert Lepage als den „*begehrtesten Medizinmann der siechen europäischen Theaterkultur*"[87] bezeichnen. Trotzdem ist Robert Lepage lange Zeit in der theaterwissenschaftlichen Forschung ein weißes Blatt geblieben und noch 1992 fragte die BBC anläßlich eines Dokumentarfilms über den Regisseur und seine Arbeit: „*Who is that Nobody from Québec?*". Was macht die faszinierende Theaterwelt des Frankokanadiers aus? Wie kommen seine inter- oder transkulturellen Produktionen zustande, welche Vorstellung von Kunst, Kultur und Theater liegen seinem Schaffen zu Grunde und was sind

---

[83] ebd. 26.
[84] vgl. Wehla (1996): 30.
[85] So der Titel eines Dokumentarfilms der BBC über Robert Lepage, produziert in Zusammenarbeit mit Hauer Rawlence Productions, London, 1992.
[86] zitiert nach McAlpine (1996): 132.
[87] Wördehoff (1995)

die entscheidenden Etappen seines künstlerischen Werdegangs, die die Entwicklung seiner Arbeit beeinflußt haben?
Robert Lepage wird am 12. Dezember 1957 in Québec City in Kanada geboren und verlebt seine Kindheit in einer Familie „*où l'on communique autant en anglais qu'en français*"[88]. Sein Vater ist frankophon, und auch Robert und seine Schwester wachsen mit dem Französischen als erster Sprache auf, während seine Mutter und die beiden Adoptivgeschwister aus dem anglophonen Teil Kanadas stammen. Die Bikulturalität und damit verbundene Zweisprachigkeit der Familie sind paradigmatisch für die in den 1960er Jahren verabschiedete offizielle Zweisprachigkeit Kanadas und bilden die Ausgangsbasis für seine Auseinandersetzung mit Kultur und Sprache im Theater:

> I come from a country where culturally we are living a kind of schizophrenia, we are both completely Americanized and at the same time completely European. So I feel that I'm in a very privileged position [...].[89]

Sein Interesse für fremde Kulturen, für das (multi-)kulturelle Miteinander in seiner Heimat Québec und seine Faszination für das Reisen haben seine Arbeit entscheidend geprägt und lassen sich aus seinen persönlichen Erfahrungen heraus erklären. Seine Eltern besaßen kein Auto und die seltenen Reisen, die die Familie ans Meer oder in Richtung USA machte, haben ihn nachhaltig beeindruckt:

> When you are English maybe you're very close to the American culture but when you're French and you get in a car and go for about two hundred miles everything becomes English and American and very different. It really is magic... Travelling is '*un voyage initiatique*' (a rite of passage)... I have the impression that I learn a lot of things travelling.[90]

Schon während seiner Schulzeit begeistert sich Robert Lepage für das Theater und nach seinem Studium am *Conservatoire d'Art Dramatique* in seiner Heimatstadt Québec City, wo auch Jacques Lessard, mit dem er später im *Théâtre Repère* zusammenarbeiten wird, unterrichtet, setzt er seine Ausbildung ab 1978 bei dem schweizer Regisseur Alain Knapp in Paris fort. Dessen Methodik, die Lepage auch als eine „*approche globale du théâtre*"[91] bezeichnet

---

[88] Crevier (1993): 7.
[89] Bienen (2000): 308.
[90] Hunt (1987): 28.
[91] Crevier (1993): 7.

und die auf seine eigene Herangehensweise großen Einfluss hatte, betont die multifunktionelle Position des Regisseurs als Autor und Darsteller gleichzeitig und ist für den jungen Québecer die ideale Vorbereitung auf seine Arbeit als Improvisationskünstler, die er 1980 in der *Ligue Nationale d'Improvisation* (LNI) beginnt.

> When you do the improvs you have to be a writer, an actor, a set designer and you have to be a stage director, also. All at the same time. Before doing the improvs, three years ago, I was an actor or a playwright or a director. Doing it proved to me that you can do all of that at the same time. It kind of influences your concepts. After doing that I decided to do CIRCULATIONS and all of my work changed, because I said you can direct a show from the inside, you can be there and have an eye outside and still have feelings, still have emotions, and still have an eye on the lighting design and the writing... You have to have eyes in the back of your head, to see everything.[92]

Als Lepage 1981 zum von Jacques Lessard gegründeten Kollektivtheater *Repère* stößt, ergänzen sich seine Erfahrungen, die er bei Knapp in Paris machte, und sein Improvisationstalent mit der von Lessard entwickelten *méthode Repère* zu einem *work-in-progress*-Konzept, das Theater als ein Gemeinschaftsprodukt begreift, in das alle Beteiligten gleichberechtigt integriert sind. Das gilt sowohl prinzipiell für alle Mitglieder der Kompagnie, seien es Schauspieler, Musiker, Tänzer, Techniker oder Bühnendesigner, als auch für das Publikum.

> We are a *théâtre de recherche* – not experimenting but exploring, searching for new ways of expressing things. And we want to be accessible, to speak to the general public, and not to a select few. [...] I don't want to communicate, *communiquer*. I want all of us to commune, *communier* with the public, and the public with us. You know *communier* in our religion? To partake of the body and blood of Christ? That's what I want us to do, but with the public. We give them our body and blood. We become a whole. We share an experience, not an idea.[93]

Obwohl sich Lepage bewusst von der Zuordnung zu einer Schule distanziert und erklärt, dass er *Repère* nicht als Methodik versteht, sind mindestens zwei Elemente der *Cycles Repère* für sein

---

[92] Hunt (1987): 25.
[93] Manguel (1989): 37.

künstlerisches Procedere von Bedeutung. Das erste ist sicherlich das Prinzip, ein Stück niemals anhand eines bestehenden Textes oder eines Themas zu entwickeln, sondern auf der Grundlage einer ‚ressource', eines Objekts, das den Anstoß gibt für einen kreativen, auf Assoziationen beruhenden Entwicklungsprozeß. Das Suchen nach den ‚ressources', den Objekten, die nach und nach den roten Faden der Geschichte bilden, ist dabei der wichtigste, aber oft auch der langwierigste Moment:

> Once you find that first resource, that first image, everything falls into place.[94]

Marie Gignac, die Schauspielerin, die in der *Trilogie des Dragons* eine der Hauptfiguren darstellt und die schon lange mit Lepage zusammenarbeitet, beschreibt die Faszination dieses intuitiven und oft wundersamen Prozesses so:

> The first month we did nothing but sit around and talk. I kept insisting that this and that didn't make sense. But suddenly, in the last two weeks, everything came together. [...] Robert believes that there are as many stories as possible combinations of elements in the universe. [...] Everyone had associations, fantasies, and observations to make. I can't remember what we discussed, who said what, but when we stood on stage, all of a sudden we had a play, and the images and information we had gathered made perfect sense. It was a miracle, a solid, irrefutable miracle.[95]

Damit solche ‚Wunder' geschehen, damit die Geschichten sich langsam und ineinander verzweigt entwickeln können, bedarf es der Partizipation aller Beteiligten. Dem Regisseur Lepage, wenn man ihn überhaupt mit diesem ja eher aus dem deutschen Theaterraum stammenden Begriff zu bezeichnen vermag, kommt dabei die Rolle eines Vermittlers zu. Er versucht, innerhalb des Assoziationsprozesses die Gedanken und Ideen der Künstler zu ordnen und zu strukturieren. „*My role [is] to moderate it all*", sagt Lepage. „*To be the officiating priest at the ritual. But never to be God. Never to direct.*"[96] Diese ganz auf kollektiver Arbeit beruhende Grundprämisse seines Schaffens ist ein Procedere, das er vor allem bei Alain Knapp in Paris gelernt hat und auf dessen Effizienz er seit langer Zeit vertraut:

---

[94] Manguel (1989): 37.
[95] ebd. 38.
[96] ebd. 37.

> I follow my intuition. [...] The Knapp method of creation pursued the same direction as the one I had begun to develop [...] Knapp's principle is to put the creator in a state analogous to a lemon being squeezed. The creator must define limits, bounds, constraints and obey them until creation oozes out. [This] creativity [is] like a flow of water and you [have] to know how to keep it flowing and how to get it into aquaducts.[97]

Das zweite Prinzip, das Lepage für sein persönliches künstlerisches Schaffen aus der *méthode Repére* herausgelöst hat und das für sein Verständnis von Theater als einem transitorischen und immer in Bewegung bleibenden Prozesses entscheidend ist, liegt in der Pointierung der Idee der ‚*représentation*', des vierten Punkts des *Cycle*, der den Moment der Fixierung der Produktion erst in der ersten Aufführung situiert:

> I think that the thing we have managed to make a point of in our company is the last part: the –re of *Repère*. The ‚re-presentation' performance aspect of it is the writing process. The writing starts when you perform and it's a difficult thing to comprehend for a lot of people in this field of work because we're used to the traditional hierarchy of the author, and then the script being put into the hands of the director who reshapes it, or re-moulds it, or tries to squeeze or apply is concepts onto it.[98]

Noch bevor er sich mit der *méthode Repère* auseinandergesetzt habe, so erklärt Lepage, sei es für ihn das Wichtigste gewesen, dass das Endprodukt des theatralen Schaffens erst die Aufführung ist. Das manifestiert sich vor allem in der Tatsache, dass es von kaum einer Inszenierung einen Text gibt, bzw. dass dieser Text erst im Nachhinein, nach der Fertigstellung des Stücks, entsteht. Anders als es zum Beispiel im deutschen Theaterbetrieb der Fall ist, versteht Lepage die Zeit der Entwicklung des Stücks nicht als einen streng organisierten Probenprozess, sondern als ein freies Improvisieren und Probieren, in dem der Stoff strukturiert wird und alle möglichen Ideen und Variationen zum Tragen kommen können. Eine solche Herangehensweise ist für ihn insofern von Bedeutung, als dass sie die gesamte Arbeit lebendig und vital macht, den Spielcharakter des Theaters betont und die Aufführung zu einem

---

[97] Lefebvre (1987): 33.
[98] McAlpine (1996): 134 f.

lebendigen und im ursprünglichen Sinne ‚theatralen' Ereignis werden lässt:

> The writing should be the last thing we do. In theatre it should be the traces of what you've done on stage. There can actually be a sportive and active phenomenon happening on stage. If you achieve that, it is very theatrical, because that is what the audience secretly desires.[99]

Die Betonung des Spielcharakters von Theater, die Reaffirmation seiner originären Theatralität ist für Lepage die wichtigste Komponente, die das Theater auch oder gerade in einem immer mehr von konkurrierenden Bildmedien geprägten Zeitalter überleben lassen wird. Dabei geht es in erster Linie darum, dem Ereignis des gemeinschaftlichen Erlebens wieder Bedeutung zukommen zu lassen:

> The whole notion of ‚playing' in theatre has been evacuated in this century. I think that the people who are part of our company are not interested in acting that much: they are interested in playing. As a director I am trying to find a way of devising work that gives the impression that people are playing, and you are inventing a game much more than a script [...] That's much more what theatre is about: that's a theatrical process.[100]

Wenn das Theater sich wieder seiner eigentlichen Charakteristika bewusst wird und seine Lebendigkeit wiedererlangt, dann kann es sich auch seiner im Moment eher schwindenden Besucherzahlen wieder sicher sein, so glaubt Lepage. Denn gerade der erwähnte Spielcharakter und die Tatsache, dass Theater etwas Lebendiges ist, was den Zuschauer mitreißt in imaginäre Welten, seine Phantasie anregt und eine Inszenierung zu einer emotionalen Reise werden lässt, unterscheidet es auf signifikante Art und Weise von anderen Unterhaltungsmedien.

> The concept people have of theatre these days is *The Phantom of the Opera* and *Les Misérables*. It's still theatre, but it's not as theatrical as it can be; everything is so programmed and you can be sure that things will happen like your friend told you they would happen. But I think there is something that people want to see and that's the Olympic spirit. [...] There is this sense that what an audience wants is to relax and to free

---

[99] ebd. 135.
[100] ebd. 135.

> their mind after a day of hard work. No, they don't want that at all: that's what they think they want, but subconsciously and consciously they want to clear up their minds, not empty them. [...] They want to be massaged, they don't want to sleep. They want to be energised. That's the thing that's so difficult to explain to people who do theatre – that you have to stop masticating things for the audience. You have to let them masticate it themselves, because they want to. It's the same way they feel in a sport arena - they go there and they scream and however minute their influence on the game is, they feel they have an influence. [...] It's a weird comparison, but in theatre people have to feel that they are changing the event [...]. They have to feel that their presence is changing the course of things, of the development that goes on onstage, and that this is a peculiar thing.[101]

Ein aktives und kritisches Publikum ist für Lepage und sein Verständnis von Theater nicht nur im Sinne einer Revalorisierung des Theaters als Kunstform von Bedeutung; seine Vorstellung der Entwicklung eines Stücks in einem *work-in-progress* schließt durchaus auch die Partizipation der Zuschauer mit ein. So wurden z. B. erste Versionen der großen Projekte wie *Tectonic Plates* oder auch der *Trilogie des Dragons* bewusst als unfertige Arbeitsproben vor Publikum gespielt. Lepage und seine Schauspieler hatten so die Möglichkeit zu erfahren, inwieweit die Umsetzung ihres theatralen Vorhabens schon gelungen und das Stück ‚spielbar' war und sie konnten im Gespräch mit diesem Testpublikum erfahren, welche Elemente der Inszenierung noch unklar waren oder Modifizierungen bedurften.

> We have a system called „the public rehearsal" where we show up unannounced, and people show up. There aren't reviewers in the room, and we rehearse in front of the audience. The audience interacts with that rehearsal. Afterward, we have a party and we drink beer. At the party people come up, and they say audience things, and you don't expect them to be artists. You don't expect them to be theatre crafts people. They tell you what they feel and what they think. Of course, what they have to say about what you do is as important as your first intentions.[102]

---

[101] ebd. 146f.
[102] Bienen (2000): 312.

Entsprechend der Bedeutung, die Lepage dem Zuschauer innerhalb des theatralen Prozesses beimisst, sieht er in ihm nicht nur einen kritischen und engagierten Teilhaber am künstlerischen Schaffen, sondern betont auch den kreativen Spielraum, den eine Inszenierung ihrem Publikum lassen sollte. Theater impliziert die Aktivität des Betrachters; zusammen mit den Künstlern soll das Publikum seine eigene Geschichte konstruieren. Hier wird deutlich, dass Lepage seinen Zuschauern nicht nur eine große Portion Eigenverantwortung innerhalb der Aufführung zuteilt, sondern dass er Theatererfahrung zwar auf der einen Seite als kollektives, gleichzeitig aber immer auch als sehr persönliches und individuelles Erlebnis auffasst.

> Everybody always says the same things about the shows. They say, 'I loved it, because when we started I said what the fuck is this? I didn't understand half of the first part.' [...] They say 'This is strange theatre', so they like the imagery, they like what they hear. They don't know why. But then they see that there's a big structure beneath [...]. So people build the show up with you [...] and when they discover that – that's when the fun really starts. You can feel it when you play. You can feel the vibrations.[103]

Die Individualität des Rezeptionsprozesses liegt auch in der Tatsache begründet, dass Sprache als theatrales Zeichen im Theater von Lepage eine deutliche Enthierarchisierung erfahren hat. Lepage betrachtet Sprache weniger als primären Informationsträger denn als auditives Element, das neben anderen Zeichenträgern die Inszenierung strukturiert. Das hängt zum einen mit seinem in erster Linie globalen und interkulturellen Kulturverständnis zusammen, in dem Theater nur dann existieren kann, wenn Verständigung nicht ausschließlich verbal angelegt ist; zum anderen begründet sich diese Ablehnung eines Texttheaters im klassischen Sinne auch in seinem Bestreben, die Visualität des Theaters wieder zu reakzentuieren. Die Bi- oder sogar Trilingualität einiger seiner Stücke ermöglichen aber auch die hohe Mobilität seines Theaters innerhalb verschiedenster Sprach- und Kulturräume und verweist gleichzeitig immer wieder auf die Tatsache, dass Bedeutung gerade auf der Bühne keineswegs ausschließlich über Sprache transportierbar ist, sondern sich mosaiksteinchenartig aus den verschiedensten Theaterzeichen zusammensetzt. Im Zusammen-

---

[103] Hunt (1987): 26.

hang mit dem Stück *La Trilogie des Dragons*, dessen Text Französisch, Englisch und Chinesisch enthält, erläutert Lepage seine Idee von Sprache als Klangelement so:

> What I like to do is use words as music. People's talk become music and what they do are the real verbs, the real actions, the real phrases. The meaning of the show has to be what's up front. And the way we get there is by the different languages, to treat them as objects. I have an idea. I say it in a language that people don't understand so they're interested to know what it's all about. I say it again, but in another language they don't understand. But they understand a little more of it. [...] It's like saying the same thing over and over again, but with different images. People associate words and senses and objects and imagery. They associate all of that on the same idea, the same theme.[104]

Das Theater von Robert Lepage favorisiert eine Sprache, die das Publikum einlädt, sich einzulassen auf eine Reise durch seine eigene Imagination, die Assoziationen weckt und nicht eine einzige mögliche Bedeutung vorschreibt, sondern eine Vielzahl von Lesarten zulässt. Bilder sind das Medium, das die Geschichte erzählt, und diese Bilder machen die Dichte und die Intensität der Stücke aus. Sie lassen den Zuschauer teilhaben an der Entstehung der Geschichte und wecken die Kreativität jedes einzelnen. Dieser Prozess des Erschließens, *„the way it involves its audience, reminds us that the French word for watching a show is ‚**assister**‘"*[105].

Lepage hat in diesem Zusammenhang immer wieder erwähnt, wie unterschiedlich die Rezeptionsweise in den verschiedenen Kulturkreisen ist. Während zum Beispiel besonders die englische Kultur das Theatererlebnis primär als ein auditives Ereignis begreift, funktioniert das Verständnis in Ländern, deren Sprache auf das Lateinische zurückgeht, eher visuell. Diese Tatsache verdeutlicht sich auch in den Begriffen, die das Publikum benennen.

> In the English speaking world you say the „audience". That word implies that people come to listen to a story. It seems if this is playing on words, but about ten years ago, this was a key thing for me to understand as to what the English theatre was about.[106]

They go there to hear stories, and you go there to tell stories.

---

[104] Hunt (1989): 111 f.
[105] ebd. 112.
[106] Bienen (2000): 308.

However visual you are, it goes through the ears, people are there to listen to the words, to the music. And you have a part of the world that call the public spectators, like in France. People go to see a story, go to see a show, and things come through what they've seen. When they describe shows they've seen they talk about the story visually, even if they have heard the words. For me that is a division and it makes a difference when we go through borders [...].[107]

Lepages Theatersprache lässt sich als ein multilinguales Procedere beschreiben, das konventionelle Modi theatraler Sprache überwindet und die Bühne durch die Intensität seiner Bilder in bizarre und faszinierende Formen verwandelt. Die verbalen Zeichen seines Theaters arbeiten dabei jenseits eines rein linguistischen Verstehens, Worte werden als Musik und als akustische Kulisse verstanden, und die Kenntnis der verwendeten Sprachen ist nicht unabdingbar für die Rezeption des Stücks. Das impliziert nicht nur eine Auffassung von Theater als einem System transkultureller Kommunikation, sondern ebenso eine Desakralisierung des Textes zu Gunsten der Herausarbeitung eines polyphonen semiologischen Netzes, das auf Akustik, Visualität und Gestik beruht:

We try to eliminate text by replacing it with another form of language. What we're doing is in reaction against a word-culture. I'm more interested in translation and adaptation than in actual words. The whole production of *Tectonic Plates* is so preoccupied with a symphonic arrangement of primary images that it ultimately repudiates the kind of text-based theatre in which language is irrevocably embedded with oppressive political values.[108]

Diese formalen Strategien stehen in engem Zusammenhang mit den Themen, um die sich die Geschichten seines Theaters entwickeln. Lepage interessiert sich für das Zusammentreffen und die gegenseitige Interpenetration von Kulturen und beschäftigt sich immer wieder mit der Frage nach kultureller Identität. Dabei greift er die wechselnden kulturellen Konfigurationen seiner Heimat Québec auf, thematisiert sie aber nicht nur im Kontext eines lokalen Kulturverständnisses, sondern transzendiert sie bewusst im Sinne einer Meditation über die kulturelle Bedingtheit einer von Verschiebung und kultureller Interaktion geprägten Welt. Sein Theater kann so also sowohl als ein integraler Bestandteil der

---
[107] Mc Alpine (1996): 148.
[108] Salter (1991): 27.

künstlerischen Auseinandersetzung Québecs mit seinen soziokulturellen Besonderheiten gewertet werden, als auch darüber hinaus als eine bewusste Reflexion der Möglichkeiten des Mediums Theater innerhalb eines Systems interkultureller Kommunikation.

*La Trilogie des Dragons* ist eine Produktion, die geradezu paradigmatisch diese beiden Aspekte des Theaters von Robert Lepage vereint. Anhand einer Reise durch mehr als 75 Jahre kanadischer Geschichte durch drei Chinatowns thematisiert sie das Miteinander verschiedener Kulturen und die Präsenz des Fremden durch das Bild des Chinesen innerhalb der kanadischen Gesellschaft. Die Vermischung dreier Sprachen und die kunstvolle Verwendung nur weniger Objekte, die den Verlauf der Handlung strukturieren und die sich in ihrer Bedeutung während des Stücks immer weiter transformieren, sind dabei nur einige der theatralen Strategien, durch die Lepages Theater ein Verständnis von kultureller Diversität in einer pluralen, interkulturellen Welt manifestiert.

*I think I am a nationalist. But the nationalists think I'm fishy because I don't express my nationalism in an obvious way. 'The Dragons' Trilogie' is about the canadian mosaic, but it's French-Canadian impressions. It's a very Québec show. I think it is one of the most nationalist pieces ever written in Québec theatre.*
Robert Lepage[109]

# 5. La Trilogie des Dragons

## 5.1 Théâtre national - Théâtre transnational

Nationalistisch oder transnational, die Stimmen der Kritik und die der Zustimmung waren so zahlreich wie unterschiedlich; nicht immer wurde Lepages Mammutprojekt positiv aufgenommen[110], auch wenn es schließlich nicht nur zahlreiche Preise und Auszeichnungen gewann, sondern in seiner integralen Version auch zur wichtigsten Inszenierung des *Festival de Théâtre des Amériques* 1987 in Montréal wurde. Robert Lepages Theater und im besonderen Maße die Inszenierung *La Trilogie des Dragons* thematisieren einen québecspezifischen kulturellen Kontext, verweisen darüber hinaus aber auf ein plurales Kulturverständnis, das weit über die Grenzen des Nationalen hinausgeht. Wenn Lepage sich und seine Arbeit als nationalistisch bezeichnet, dann ist das sicher nur im Kontext eines Kulturverständnisses zu sehen, das die Auseinandersetzung mit dem Fremden, mit anderen Kulturen und Nationen und deren Eigenheiten immer auch als eine Begegnung mit sich selbst begreift. In einem Gespräch mit Nigel Hunt erläutern Robert Lepage und Marie Gignac diesen Gedanken im Zusammenhang der Entstehung der *Trilogie*:

> Theatrically, what is interesting about looking at people who are very different from you, and doing a show about that, is that it's a very good starting point for your imagination. It's very stimulating. [...] We are examining ourselves. Like in the *Trilogie*, we were talking about ourselves through our

---

[109] vgl. Kelly (1990)
[110] Zur Kritik an *La Trilogie des Dragons* vgl. besonders Harvie (2000) und Carson (2000)

vision of China. It was a pretext for us. We said, we're going to do a show about the Chinatowns. But we knew what really concerned us was the people we knew, our families, our intimates. [...] We're very interested in the Chinese, Chinatowns, all of that. But while we are searching and digging to find answers about that, most of the answers that come back to us are about ourselves, about how we are, how we look. [111]

Die hohe Präsenz lokaler Theatergruppen, aber auch die übrigen Merkmale, die das *Festival de Théâtre des Amériques* 1987 auszeichneten, scheint charakteristisch für ein verändertes kulturelles Selbstverständnis der Provinz Québec. Lepages Produktion über die Chinatowns Kanadas ist dabei vielleicht das paradigmatischste Beispiel. So kamen im Sommer 1987, vom 26. Mai bis zum 7. Juni, Kompanien aus Argentinien, Brasilien, Haiti, Mexiko, Nicaragua, den USA, Venezuela und natürlich aus allen Teilen Kanadas in Montréal zusammen und boten so mit den Worten der Direktoren *„a potential ordering of fragments, of artistic experiences, that best reveal, through their sheer power and uniqueness, the complexity and wealth of theatre in the Americas"*[112]. Die Besonderheit der Veranstaltung machte dabei die Tatsache aus, dass mehr als ein Drittel aller gezeigten Produktionen aus Québec selbst kam und so dessen künstlerische Produktivität und Vielfalt zum ersten Mal auch in einem internationalen Kontext gezeigt wurde. Die Inszenierungen reichten formal und inhaltlich weit über den ‚mainstream' hinaus und machten das Festival zu einer innovativen Veranstaltung. Neben der hohen Präsenz von Frauen unter den Künstlern und der damit verbundenen verstärkten Thematisierung geschlechtsspezifischer Inhalte, hinterfragten viele Produktionen die spezifische Medialität des Theaters und bedienten sich in ihrer Ästhetik vermehrt auch dem Einsatz multimedialer Technologien.

Die Stücke zeugten, unabhängig von formalen und ideologischen Unterschieden der einzelnen Beiträge, von einer grundsätzlichen Beschäftigung mit der *„necessity of exchange between peoples"*[113], und alle teilnehmenden Gruppen und Künstler waren repräsentativ für die kleinen, aber machtvollen, ja subversiven Stimmen der kulturellen Randgruppen, *„challenging the dominant, mass-diffused*

---

[111] Hunt (1989): 116.
[112] vgl. Mac Dougall (1988): 9.
[113] ebd. 9.

*voice that loudly resounds through the Americas*"[114]. Dem Veranstaltungsort Montréal kam in diesem Zusammenhang eine besondere Bedeutung zu, denn gerade diese ‚multikulturelle' Metropole Kanadas, der ‚*melting-pot*' der Einwandererprovinz Québec, der innerhalb des eigenen Landes schon die unterschiedlichsten kulturellen Strömungen und ethnischen Gruppen beherbergt, wurde durch das Festival zu einem Ort des Zusammentreffens der kulturellen Pluralitäten des amerikanischen Kontinents.

> It is fitting that Montreal should host a festival marking the cultural and linguistic plurality of the Americas. This cosmopolitan city maintains ties with Europe, yet is only an hour's plane ride from New York. It harbors a large, immigrant population, including numerous refugees from Latin America. As the largest city in the French-speaking province of Québec, it is also the locus of three centuries of sociocultural conflict. [...] Québec remains a bubbling milieu of theatrical invention inscribed in cultural pluralism. Quebecois artists have shifted from an inward search for cultural identity to an affirmation of their uniqueness in a multifarious world.[115]

Die Produktion, die den Geist dieses Festivals und die Diversität, aber auch die Ähnlichkeiten der ‚anderen Amerikas' auf exemplarische Art und Weise repräsentierte, war *La Trilogie des Dragons* des Québecer *Théâtre Repère* unter Leitung von Robert Lepage. Nicht nur künstlerisch ragt diese Inszenierung unter den anderen gezeigten Stücken heraus, sie thematisiert auch auf beeindruckende Weise die Beziehung zwischen Eigenem und Fremdem und fokussiert dabei nicht nur die Suche nach einer *identité québécoise*, sondern stellt diese in einen interkulturellen Zusammenhang, der weit über den kulturellen Kontext Québecs hinausgeht. „*Anchored in the particularity of Quebecois-Canadian history,* **La Trilogie***, touches the most sensitive cords of the present predicaments of the human community.*"[116]

Die gezeigte Version der *Trilogie des Dragons* während des *Festival de Théâtre des Amériques* war die dritte und letzte Fassung des Stücks, das, wie die meisten anderen Produktionen des *Théâtre Repère*, in einem *work-in-progress* entstanden ist. Schon 1985 begannen Lepage

---

[114] ebd. 10.
[115] ebd. 11.
[116] ebd. 18.

und seine Schauspieler mit der Erarbeitung eines Stücks über die Chinatowns Kanadas, dessen erste, 90-minütige Fassung im November des gleichen Jahres in Québec City Premiere hatte. Im darauffolgenden Jahr präsentierte *Repère* eine überarbeitete und erweiterte Version des Stücks, das inzwischen drei Stunden dauerte. Während des *Festival de Théâtre des Amériques* zeigten sie schließlich eine integrale Fassung von sechs Stunden, die das Publikum auf eine magische Reise durch 75 Jahre kanadische Geschichte entführte und es eintauchen ließ in das mystische Universum der vergangenen und der noch existierenden Chinatowns von Québec, Toronto und Vancouver.

Anhand der Analyse dieser letzen Version der *Trilogie des Dragons* soll nun versucht werden, die interkulturellen Strategien der Theaterarbeit von Robert Lepage zu illustrieren. Aufgrund der Komplexität der Inszenierung ist es nötig, den Inhalt der drei Teile ausführlich zu beschreiben, wobei hervorzuheben ist, dass sich die Komplexität dieses Theaters nur durch das Ansehen einer Aufführung, nie aber durch eine bloße inhaltliche Beschreibung erfassen lässt. Das bedeutet gleichzeitig, dass das nächste Kapitel weder als reine Inhaltsangabe verstanden werden darf, noch als akribische Inszenierungsbeschreibung. Vielmehr sollen die Hauptachsen des Stücks, die thematischen Schwerpunkte der Inszenierung dargestellt und einzelne ästhetische Besonderheiten hervorgehoben werden, um so den Leser in Grundzügen mit dem Stück vertraut zu machen und die Grundlage für das anschließende Analysekapitel zu liefern. Im Folgenden soll dann zunächst kurz der Entstehungsprozess des Stücks beleuchtet werden, wobei der Akzent hier auf der Umsetzung der *‚méthode Repère'* und dem konkreten Arbeiten mit den *‚ressources'* liegen soll. Die daran anschließende Analyse exemplarischer Szenen des Stücks wird ihr Augenmerk im Besonderen auf die theatrale Umsetzung der Paradigmen Identität, Alterität und Multikulturalität richten.

### 5.2 La Trilogie des Dragons

*La Trilogie des Dragons* ist eine Geschichte, die sich über 75 Jahre kanadischer Geschichte erstreckt und in drei Etappen, drei in sich geschlossenen Handlungssträngen, die jeweils 25 Jahre umfassen, von Ost nach West, von Québec über Toronto nach Vancouver wandert. „*En trois mouvements qui correspondent à autant d'époques, de lieux, de couleurs, de rhythmes, d'atmosphères et de niveaux de perceptions, elle s'accomplit sous le mode du cycle, de la sphère*"[117]. Diese Zeitspanne steht in Lepages Inszenierung in Zusammenhang mit der Passage des Kometen Halley 1910 und 1985, Zeichen der Zeit und des zyklischen Wiederkehrens aller Dinge. Jeder der drei Teile der Trilogie korrespondiert mit einer Farbe des Drachens aus der chinesischen Mythologie: Der grüne Drache bezeichnet den ersten, in Québec spielenden Part (1910-1935), der rote Drache steht für die Episode, die in Toronto stattfindet (1935-1960), und der blaue Drache für die letzte, in Vancouver lokalisierte Etappe der Trilogie (1960-1985).

Lepages *Trilogie* zeichnet fast ein Jahrhundert kanadischer Geschichte nach; die Geschichte der chinesischen Immigranten, die der Lauf der Zeit und die Ereignisse der Jahre von Québec über Toronto nach Vancouver bringt, eine Geschichte, die auch die Geschichte der beiden Québecer Cousinen Jeanne und Françoise ist. Es ist eine reale wie auch symbolische Reise von Ost nach West, und gleichzeitig eine kulturelle Wanderung, die den Einfluss fernöstlichen Denkens auf den Okzident beschreibt. Daneben wird die Öffnung der zunächst dem Fremden, in diesem Fall der chinesischen Gemeinschaft gegenüber verschlossenen Québecer Gesellschaft gezeigt, die schließlich zu einer produktiven und reziproken Begegnung mit dem Anderen wird. Alles beginnt auf einem leeren und verlassenen Parkplatz in Québec City, an dem Ort, an dem zu Beginn des Jahrhunderts einmal das Zentrum der chinesischen Gemeinschaft in Kanada war, eine inzwischen verlassene Chinatown, die nur noch in der Erinnerung existiert. Diese Erinnerung wird zum Ausgangspunkt für das Theaterprojekt und zur ‚*ressource tangible*'[118] für Lepage und die Schauspieler des *Théâtre Repère*, die hier mit der Kreation ihres Stücks beginnen. Mit Sand und Schotter bedeckt, ist er die Quelle für eine faszinierende Reise in die Tiefen der Geschichte und in vergangene Zeiten. Er wird zum archäologischen Ort des Grabens und des Fabulierens und aus den verdeckten Schichten kommen Relikte und Spuren seiner Vergangenheit wieder zum Vorschein. Der Parkplatz, ein durch Betonpfosten begrenztes Rechteck wird zur Bühne; als einzige Ausstattung genügen eine kleine Hütte, das Häuschen des Parkplatzwächters auf der einen Seite und eine Straßenlaterne auf der anderen. Das Licht leitet den Blick der Zuschauer, teilt den Raum in konkrete Zonen, fokalisiert die Handlung und schafft

---

[117] Pavlovic (1987a): 40.
[118] Lefebvre (1987): 30.

immer wechselnde Stimmungen und Situationen. Nur wenige Requisiten illustrieren das Spiel der Akteure und minimale Veränderungen von Raum und Objekten genügen, um die Simplizität der Ausgangsszenerie in immer neue Orte und Kontexte zu verwandeln:

> Rebâtissant le monde à partir de rien, d'un non-lieu et d'une mémoire effacée, les auteurs du spectacle ont réussi à montrer la vie telle qu'elle est, avec la multitude de destins qui s'y entrecroisent, en même temps que tout le sous-texte qu'elle porte.[119]

Die Faszination dieser Inszenierung, die Magie und die Atmosphäre, die das Stück bestimmen, resultieren in hohem Maße auch aus dem Bewusstsein heraus, mit dem Lepage und seine Mannschaft ihr Theater zur Aufführung bringen. Schon vor Beginn des ‚spectacle', war in der Halle im Hafen von Montréal diese Poesie förmlich spürbar; mit Betreten diese Ortes taucht das Publikum ein in einen „état second"[120], in einen Zustand, der, wie es Diane Pavlovic beschreibt[121], die Zuschauer aus ihrem Alltag enthob und entführte in eine Geschichte jenseits von Zeit und Raum.

> Le hangar où se jouait *La Trilogie*, tout en longueur, imposait au public [cette prise de contact avec l'univers] dès son entrée: un couloir sombre, interminable, où le jour, perçant par endroits, répand une lumière diffuse annonciatrice de la brume légère dans laquelle baignera le spectacle. [...] Tout semble prédisposer le spectateur à entrer dans un état second, [...] lui faire oublier l'extérieur. [Il est] préparé en quelques sortes à s'abandonner au mouvement calme de *La Trilogie*, à cet équilibre entre tension et immobilité qui résulte en un étrange effet d'apaisement [...].[122]

Aus dieser Stimmung, aus dem völligen Dunkel heraus beginnt nun das sechsstündige Epos: Der Wächter des Parkplatzes leuchtet mit seiner Lampe über den sandigen Boden, hebt eine Glaskugel auf, während drei Stimmen, jede in einer anderen Sprache - auf Französisch, auf Englisch und auf Chinesisch - den folgenden Prolog skandieren und mit diesem so einfachen wie poetischen Text

---

[119] Pavlovic (1987a): 41.
[120] ebd. 42.
[121] ebd. 42f.
[122] ebd. 42.

das Startsignal geben für ein Theater, „*dont on a su retrouver l'essence*"¹²³:

> Je ne suis jamais allée en Chine
> Quand j'étais petite, il y avait des maisons ici
> C'était le quartier chinois
> Aujourd'hui, c'est un stationnement
> Plus tard, ça va peut-être devenir un parc, une gare, ou une cimétière
> Si tu grattes le sol avec tes ongles
> Tu vas trouver de l'eau et de l'huile à moteur
> Si tu creuses encore
> Tu vas sûrement trouver des morceaux de porcelaine
> Du jade
> Et les fondations des maisons des Chinois qui vivaient ici
> Et si tu creuses encore plus loin
> Tu vas te retrouver en Chine
> Quand je vais mourir
> C'est dans un trou comme ça que je voudrais que tu me jettes
> Pour que je tombe
> Eternellement
> Pour que je vive éternellement
> Regarde le vieux gardien du parking
> Je te dis qu'il dort pas
> On dirait que c'est lui le dragon
> Le dragon qui garde la porte de l'immortalité
> Il est le dragon
> Et ceci est la Trilogie des dragons.¹²⁴

Die Szene spielt in Québec, innerhalb einer in sich geschlossenen Gesellschaft, deren Dasein von rassistischen und religiösen Vorurteilen bestimmt wird. Die Enge der kanadischen Kleinstadt zu Beginn des Jahrhunderts wird evoziert durch dunkle, kleine Räume, das unheimliche Kellergewölbe unter der chinesischen Wäscherei,

---

¹²³ ebd. 43.
¹²⁴ Die Verweise auf den Text der *Trilogie des Dragons* stammen alle aus dem Textbuch der ersten Gesamtfassung von ExMachina: Lepage, Robert (et al.) (1987): *La trilogie des dragons*. (texte intégral, non publié). ExMachina: Québec-Ville. (Nach der Wiederaufnahme des Stücks im Sommer 2003 wurde der überarbeitete Text bei ‚L'instant même' in Québec veröffentlicht. Weil die neue Version jedoch leicht von der Fassung abweicht, die der hier vorliegenden Analyse zugrundeliegt, beziehen sich die Textzitate auf die erste, nicht veröffentlichte Fassung des Stücks. Im folgenden wird diese durch ‚*Trilogie*' mit Angabe der Seitenzahl angegeben. Hier: 1-3.

den Friseursalon und eine Welt, deren Leben sich in einer einzigen Straße abspielt, und die aus dem Spiel der beiden kleinen Mädchen Jeanne und Françoise im Stück zum Leben erwacht. Die Szenerie ist dunkel, schattig und feucht, einzige Lichtquellen sind Fackeln und Kerzen. Der Wächter des Parkplatzes verschwindet mit dem Ende des Prologs in seiner Hütte, verharrt in starrer Pose an deren Fenster, und begleitet von Musik erleuchtet im Innern des Häuschens ein intensives rotes Licht. Mit dem Einsetzen der Musik erscheinen die übrigen sieben Schauspieler auf der Bühne, sie präsentieren sich dem Publikum und wenden sich dann dem Wärterhäuschen zu, die Hände an die Scheiben des Fensters gelegt, wie um diesen Repräsentanten der Ewigkeit, den *„dragon qui garde la porte de l'immortalité"* zu beschützen. Das Spiel beginnt.

5.2.1   1. Teil: **Le dragon vert** (1910-1935)

Der Parkplatz wird zur Chinatown vergangener Jahre. Jeanne und Françoise, die beiden zentralen Figuren des Stücks, die in allen Teilen der *Trilogie* von denselben Schauspielerinnen (Marie Michaud und Marie Gignac) dargestellt werden, spielen mit Schuhkartons und konstruieren anhand dieser simplen Kisten ein Abbild ihrer kleinen, bekannten Welt. Die Kartons sind die Häuser und Geschäfte ihres Viertels, und die beiden Mädchen imaginieren Szenerie um Szenerie und ‚erfinden' Dialoge, die sie irgendwo aufgeschnappt haben. Aus ihrem Spiel entsteht plötzlich eine reale Figur, ein englischer Geschäftsmann, der Schuhe verkaufen möchte, und mit dem sie ihre Geschichte weiterspinnen, indem sie ihn von einem Geschäft zum anderen, von einem Schuhkarton zum nächsten schicken. So wird William Crawford ins Geschehen eingeführt. Er bewegt sich von Karton zu Karton, von Laden zu Laden, wie es das Spiel von Jeanne und Françoise ihm vorschreibt und klopft schließlich an die Tür des letzten Geschäfts, an die Tür des Häuschens des Parkplatzwächters, das nun zur Wäscherei des Chinesen Wong geworden ist.

Crawford ist Brite, wurde aber in Hongkong geboren, wo er mit seinen Eltern die ersten zehn Jahre seines Lebens verbrachte, bis diese zurück nach England gingen. Er möchte in Québec einen Schuhladen eröffnen und fragt Wong nach dem Geschäft von Petigrew. Da keiner der beiden die Sprache des anderen beherrscht (Wong spricht nur Chinesisch und ein gebrochenes Französisch, Crawford nur Englisch), vollzieht sich das gesamte Gespräch zwischen den beiden mit Hilfe von Gesten und umständlichen Erklärungen. Wong versucht Crawford mitzuteilen, dass der Laden,

den er sucht, abgebrannt ist. Aufgrund Wongs schlechtem Englisch - er sagt „*the store is burn*" - versteht Crawford jedoch „*a star is born*" (hier wird zum ersten Mal indirekt auf den Kometen Halley verwiesen), so dass Wong, um das Gemeinte zu illustrieren, ein Stück Papier entzündet und der Brite schließlich begreift. Crawford wiederum versucht, Wong seine eigene Geschichte zu erzählen und zu erklären, warum er einige wenige Brocken Chinesisch spricht und demonstriert mit Hilfe seines Koffers, wie er mit dem Schiff in die ‚Neue Welt' gekommen ist. Als Zeichen einer beginnenden Freundschaft zwischen den beiden Fremden lädt Wong Crawford schließlich ein, am nächsten Tag wiederzukommen.

Bei Jeannes Vater, dem Friseur Morin, lässt sich der junge Bédard, als Gegenleistung für die Reparatur des Friseurstuhls, in einer Art Initiationsritual zum ersten Mal rasieren. Jeanne, die ihrem Vater dabei assistiert hat, vertraut sich anschließend verstört ob dieser ‚Mannwerdung' Bédards ihrer Freundin und Cousine Françoise an. Die beiden klettern auf das Dach der Hütte und suchen nach einem Stern, der ihre Wünsche in Erfüllung gehen lassen wird. Françoise evoziert hier wiederum den Kometen Halley, den ihre Mutter, als sie jung war (1910), gesehen hat, und dessen Schweif einen roten Schein am Himmel hinterlassen haben soll (Bédard hat rote Haare). In Ermangelung dieses Kometen, den sie erst wieder werden sehen können, wenn sie alt sind, suchen sie sich einen anderen Stern und verraten sich ihre Wünsche: Jeanne möchte sich verlieben, Françoise will nach England ziehen und Königin werden (sie war es auch, die im Spiel der Eingangsszene Crawford aus England hatte kommen lassen).

Am nächsten Morgen bringt Jeanne mit Françoise zusammen die Wäsche ihres Vaters zu Wong. Während sich die Kinder über das ungelenke Französisch des Chinesen mokieren, erscheint Crawford wieder und lässt sich von Wong in die Tiefen seines Kellers führen, wo dieser das Pokerspiel erlernen möchte. Als Dank dafür erhält er von Wong Opium, das ihn vollständig benebelt. Um ihn herum entsteht wie im Rausch eine neue Szene, in der die übrigen Darsteller in einer vom Tai-Chi inspirierten Choreographie durch Gesten und Bewegungen auf die kommende Geschehnisse hindeuten. Die Stimmen des Prologs annoncieren in französischer und englischer Sprache das Verstreichen der Zeit, das Größerwerden der Kinder und das Wachsen der Macht des Drachens.

Jeanne und Françoise sind inzwischen junge Mädchen geworden, die zigarettenrauchend das Spiel mit den Schuhkartons wieder aufnehmen. Diesmal ist es Morin, der Friseur, der in ihren Geschichten zum Leben erwacht. Wie zu Beginn Crawford schicken sie ihn, der betrunken ist und Geld geliehen haben möchte, zu Wong, dem Chinesen, wo er auf dessen anglophonen und in Toronto lebenden Sohn Lee stößt. Der ebenfalls anwesende Crawford gibt Morin Geld, das einzige Mittel, mit dem es ihm, dem Fremden, sowie den Chinesen gelingt, die Sympathie und den Respekt der konservativen und abweisenden Québecer zu erlangen. Zwischen Lee und Crawford entfacht sich eine Diskussion über die Enge der Provinzstadt und über die Unmöglichkeit, hier Geschäfte zu machen (*„the people here want your money, not your shoes"*) und Lee schlägt Crawford vor, mit ihm nach Toronto zu gehen und seinen Laden dort zu eröffnen.

Während eines heftigen Gewitters nehmen Françoise und Jeanne von ihrer Kindheit Abschied: Françoise bei einem fast rituellen Spaziergang mit ihrem Puppenwagen im Regen und Jeanne durch eine gemeinsame Nacht mit Bédard, der sie schwängert. Als ihr Vater Morin die beiden überrascht und Bédard mit seinem Rasiermesser im Gesicht verletzt, flüchtet Jeanne trostsuchend zu Françoise, die sie weinend in den Schlaf wiegt. Es folgt eine Szene, in der auch die anderen Figuren des Stücks schlafen, und die von Wong aufgehängten Laken werden zur Projektionsfläche der einzelnen Träume: Wong wird von einer chinesischen Barke in das Land seiner Erinnerungen transportiert, das Haus seiner Vorfahren wird sichtbar, seine Schwestern, der Tod seiner Frau evoziert. Langsam greift der Traum über auf die restlichen Figuren. Wong bittet Jeanne, ihm zu helfen, seine Frau zu beerdigen, Morin wird gewahr, dass es seine Tochter ist, die unter dem Laken, dem Leichentuch liegt; ein Blutfleck verweist auf den Tod oder auch auf Jeannes Entjungferung, und diese wehrt sich gegen den Wunsch des Chinesen, es möge sich doch eine Frau für seinen Sohn finden.

In Sorge über sein fortgeschrittenes Alter und seine finanzielle Absicherung fordert Wong den immerzu betrunkenen Morin zum Poker heraus. Dieser verliert Runde um Runde, die Höhe der Wetteinsätze und die steigende Anspannung werden durch das Schlagen der Fäuste der Spieler auf eine alte Waschtrommel, die als Spieltisch dient, verdeutlicht. Nach dem Verlust seines gesamten Besitzes bleibt ihm noch sein Geschäft als Pfand. Um das zu illustrieren, wird der Friseurstuhl auf die große Blechtrommel gewuchtet und als Morin wieder kein Glück im Spiel hat, bleibt ihm als letztes Gut seine schwangere und geächtete Tochter Jeanne, die in Wongs Opiumhöhle gebracht und wie eine Trophäe auf dem Friseurstuhl platziert wird. Auch sie verliert der Friseur an Wong, der so nicht nur seine Zukunft gesichert, sondern gleichzeitig die Braut für seinen Sohn Lee erspielt hat. Die anwesenden Figuren reihen sich im Kreis um die verzweifelte Jeanne, die unbeweglich und verängstigt ihren Arm hilfesuchend nach ihrer Freundin Françoise ausstreckt, während langsam das Licht erlischt.

### 5.2.2  2. Teil: **Le dragon rouge** (1935-1960)

Der zweite Teil der *Trilogie des Dragons* spielt in Toronto, in einer Zeit, die von Krieg und Zerstörung und gesellschaftlichen Transformationen gekennzeichnet ist. Im Vergleich zum ersten Teil sind die Szenen kürzer, intensive und schnelle Lichteffekte unterstreichen die oft rapiden Szenenwechsel und viele der gezeigten Handlungen werden parallel an unterschiedlichen Orten der Bühne gespielt. Geld und wirtschaftlicher Fortschritt dominieren die beiden Sequenzen (1940 und 1955) des roten Drachens, wobei der erste Teil das Leben Jeannes fokussiert, die nach ihrer Hochzeit mit Lee nach Toronto gekommen ist, und die zweite Sequenz in einer Art vertikalem Schnitt den Alltag der übrigen Figuren beleuchtet. Während der erste Teil dem Zuschauer ein Bild der Fremden, vor allem der in Québec ansässigen Chinesen, aber auch des Europäers Crawford lieferte, das in erster Linie auf Vorurteilen und Phantasmen beruhte, lässt der zweite Teil nun einen Einblick in ihr „wirkliches" Leben zu.

Jeanne will ihre Vergangenheit vergessen und mit Lee, der ihr Kind als sein eigenes annimmt, in Toronto ein neues Leben beginnen. In einem Brief an ihre Freundin Françoise nimmt sie Abschied. Die Musik des Radios versetzt den Zuschauer gedanklich nach Tokyo, wo eine Geisha, die sich von einem amerikanischen Offizier mit Geschenken überhäufen lässt, ihrem Geliebten mitteilt, dass sie ein Kind von ihm erwartet und sich eine Zukunft mit ihm in Amerika, in der westlichen Welt erträumt. Trotz seiner plötzlichen Ablehnung schwört sie, auch alleine ihren Weg zu finden und ihn in Amerika wiederzutreffen. In der folgenden Szene evozieren eine Reihe von Stühlen auf der Bühne das Fahren eines Zugs. Françoise nimmt auf einem der Stühle Platz und erkennt in einem weiteren Fahrgast, der die Zeitung liest, Crawford. Durch das Gespräch der beiden erfährt man, dass Françoise eine Ausbildung zur Offizierin beim Militär macht und dass sie auf dem Weg nach Toronto ist, um ihre Cousine zu besuchen. Crawford berichtet von seinem Schuhladen, den er inzwischen in Toronto besitzt und die nächste Szene erklärt, dass Jeanne in eben diesem Schuhladen als Verkäuferin arbeitet. Die Stühle, die den Zug darstellten, sind jetzt zum Verkaufsraum geworden, in dem Jeanne einem Kunden Schuhe verkauft, als Françoise das Geschäft betritt. Jeanne berichtet Françoise von ihrem neuen Leben, ihrer Ehe mit Lee und ihrer Tochter Stella, die rote Haare hat wie ihr Vater Bédard, während zwei alte Chinesinnen am anderen Ende der Bühne mit Pinseln auf große Papierfächer malen und Jeanne dabei das Dasein dieser Fremden, die in ihrem Ghetto der Chinatowns immer Fremde bleiben werden, kommentiert: *„Elles n'ont jamais appris l'anglais et elles sont même jamais sorties du quartier chinois..."*. Die beiden Chinesinnen bemalen das Papier mit Motiven ihrer Träume und Wünsche und ein Rückblick erinnert das Publikum noch einmal an Jeanne und Françoise und ihre Suche nach einem Glücksstern. Wie um den Wunsch von damals zu komplettieren schließt die Szene mit den Worten Jeannes: *„Moi là, si jamais j'ai une fille, là, ben je vais l'appeler Stella, parce que ça veut dire étoile"*. Die kleine Stella erscheint auf der Spielfläche und rezitiert in Form eines kleinen Abzählreims ihre Geschichte und der Zuschauer erfährt so die Tatsache, dass sie aufgrund einer schweren Erkrankung in ihrer Entwicklung immer das kleine Mädchen von fünf Jahren bleiben wird. Die nächste Szene bringt uns nach London, wo Françoise auf einem Armeeball ein Lied ankündigt, das in den folgenden Szenen weiterklingen wird. Ihre Worte verweisen sowohl auf den Kontext des zweiten Weltkriegs, wie auch auf die Vision eines friedlichen Miteinanders und eines produktiven Austauschs der Kulturen: *„It's title is the name of a Japanese woman, the words have been written by a French author, and the music was composed by a German... And I hope very deeply that soon, in the name of liberty, all those people can live in peace together"*. Während der gesamten Dauer des Tangos von Kurt Weill, den Yukali mit einer tiefen und bebenden Stimme singt, sieht man zunächst die japanische Geisha in einem amerikanischen Kleid, die sich ihrem Offizier hingibt, dann Jeanne und Bédard, die zur Musik langsam tanzen.

Im Schuhgeschäft spielen Jeanne und Françoise wie in den Tagen ihrer Kindheit mit den Schuhkartons. Mit dem Einsetzen der Musik ziehen die beiden ihre Schuhe aus und bewegen sich in einer Choreographie, die nach und nach alle Figuren des Stücks mit einbeziehet, und deren Szenen wie in einer Rückblende noch einmal alle Geschehnisse Revue passieren lässt: Man sieht Françoise mit ihrem neuen Liebhaber, einem Marineoffizier, Jeanne mit Bédard, die verliebt zum Takt des Walzers tanzen, Jeanne, die von Wehen übermannt auf dem Tisch zusammensinkt und mit Hilfe ihres Mannes Lee ihr Kind zur Welt bringt. Noch einmal kommt Françoise auf die Bühne, in Uniform und begleitet von Soldaten, die immer schneller und lauter die gesamte Spielfläche bevölkern, die Requisiten des Schuhladens zerstören, auf den Schuhen und den Kartons herumtrampeln. Das Chaos wird immer größer, die Geräuschkulisse steigt, und die Summe der persönlichen Schicksale und die Gewalt des Krieges vereinen sich in einem lauten und gewaltigen Walzer.

Die zweite Sequenz des *dragon rouge* macht einen Zeitsprung in die 1950er Jahre, in einem Prolog erfährt der Zuschauer das Datum, den 6. August 1955, den zehnten Jahrestag des Abwurfs der Atombombe über Hiroshima. Jeanne sitzt in ihrer Küche und hört Radio, während die Figuren, die in den folgenden Szenen auftreten werden, über die Bühne laufen: Das Mädchen, das die Geisha gespielt hat, annonciert den Jahrestag des Bombenabwurfs, eine Missionsschwester berichtet über die Befreiung der amerikanischen Piloten im kommunistischen China und ein Arzt kündigt eine neue Strahlenbehandlung in der Krebstherapie an. Jeanne fasst zusammen, dass die Welt um sie herum im Aufschwung ist. Sie selbst versucht, ihren Frieden zu finden, während in ihrer Brust ein Tumor wächst. Françoise lernt mit Hilfe eines Kassettenkurses das Schreibmaschineschreiben, und der Übungstext kommentiert die parallel verlaufenden Handlungen der anderen Personen. Jeanne lässt sich von ihrem Arzt ihren Gesundheitszustand und mögliche Therapien erklären, das Klingeln der Glocke, das an der Schreibmaschine den Zeilenwechsel markiert, ist gleichzeitig die Fahrradklingel Bédards, der in Québec Waren ausliefert, das Klicken der Tastatur wird zum Klicken des Photoapparats der Geisha, die strickte Trennung der zwei Hälften der Tastatur für die jeweilige Hand illustriert den ideologischen Konflikt zwischen der Missionsschwester und Mao („*pas de doigts gauches sur la partie droite, pas de doigts droits sur la partie gauche, compris?*").

Aufgrund ihrer unheilbaren Krankheit entschließt sich Jeanne, ihre behinderte Tochter Stella in ein Heim von Ordensschwestern zu geben, wobei ihr die Missionsschwester als Vermittlerin behilflich sein soll. Lee wehrt sich gegen dieses Vorhaben und möchte Stella lieber im Kreis der Familie pflegen, wie es ihm seine Tradition vorschreibt. Trotz seines Widerstands unterzeichnet Jeanne die Papiere. Der Text des Kassettenkurses lässt den Zuschauer erfahren, dass die junge Geisha die Tochter des amerikanischen Offiziers aus dem ersten Teil ist und dass ihre Mutter durch die Hiroshimabombe getötet wurde. Die emotionale Ausbeutung zwischen West und Ost wird durch die Evokation des ‚Butterfly'-Motivs angedeutet und der Verlust der Mutter durch einen roten Schuhkarton, das einzige Andenken, das der jungen Japanerin an sie geblieben ist. Die Schwester kommt, um sich zu vergewissern, dass Jeanne die Sachen ihrer Tochter gepackt hat, und während erstere einen Diskurs über die gesicherte Zukunft Stellas hält, entkleidet Jeanne sie nach und nach, entfernt ihren Schleier und löst die Haare, so dass sie sich am Ende in die stumme und verängstigte Stella verwandelt hat, die nun fertig zum Aufbruch nach Québec ist. Mutter und Tochter reisen mit dem Zug ab (wieder sind die Stühle die Abteile), der Kassettenkurs evoziert die Einsamkeit und die Angst des zurückbleibenden Lee, der weiß, dass Jeanne auch ihren ehemaligen Liebhaber Bédard treffen wird und auf dieses Stichwort fallen sich Jeanne und Bédard in Québec in die Arme. Jeanne kehrt schließlich mit einem Strick in der Hand zurück, aus einem Brief erfährt sie von Françoise, dass diese endlich das ersehnte Kind erwartet und steigt auf den Tisch, das Seil um den Hals, um sich das Leben zu nehmen.

### 5.2.3   3. Teil: **Le dragon blanc** (1960-1985)

Die Geschichte, die der Teil des weißen Drachens erzählt, spielt in der Gegenwart, in Vancouver im Jahr 1985. Das Leben des späten 20. Jahrhunderts, das sich durch Reisen, Komfort und eine Vermischung der Kulturen charakterisiert, wird auf der Bühne durch abstrakte, neutrale Orte wie den Flughafen von Vancouver, eine Kunstgalerie oder einen Zengarten dargestellt. Diese Öffnung des Raums setzt sich im Theaterraum durch die Öffnung des Spielortes und den Blick in die Weite des Hafens von Montréal fort. Das Bühnenlicht verändert sich ebenfalls im Vergleich zu den vorangegangenen Teilen, es fungiert nicht mehr nur als Begrenzung für kleine Spielorte, sondern wird zum integralen Bestandteil der Inszenierung und Illustration des Raums, z.B. als Lichtinstallation des Künstlers Pierre Lamontagne oder als Silhouette der angedeuteten Wolkenkratzer der Großstadt. Die dominante Geräuschkulisse zu Beginn dieses dritten Teils der *Trilogie* findet aber im Laufe der Szenen schließlich wieder den langsamen Rhythmus, mit dem das Stück begonnen hat, um so den ewigen Kreislauf zu schließen.

Die erste Szene spielt auf dem Flughafen von Vancouver, wo Françoise nach einem Besuch bei ihrem Sohn Pierre, der hier eine Kunstgalerie hat, auf den Rückflug nach Québec wartet. In einem Andenkenkiosk sucht sie nach einem Mitbringsel für Stella und lernt dabei die junge Verkäuferin Yukali sowie einen französischen Piloten der Airfrance kennen, die sie in ausufernde Gespräche verwickelt, während sich ihr Sohn Pierre, genervt und beschämt vom Verhalten seiner Mutter, um deren Gepäck kümmert.
Crawford, der inzwischen ein alter, gebrechlicher Mann geworden ist, bewegt sich langsam in einem Rollstuhl über die Bühne, während eine Stimme aus dem Off seine Erinnerungen an die Vergangenheit rezitiert. Als Crawford anschließend die Bühne verlässt, fährt ein Auto vor, in dem Pierre und seine Freundin Maureen sitzen, die sich auf einem Ausflug in die Berge befinden. Es wird deutlich, dass Pierres Verhältnis zu dieser Anglokanadierin ihn nicht befriedigt und nach einem Monolog über seine Ängste, seine Prinzipien und sein Selbstverständnis als Künstler erklärt Maureen, die sich über seine Attitüden lustig macht, dass sie ihn verlassen wird.
Yukali hat inzwischen in den Sand der Spielfläche die Spuren von Wellen gezeichnet, in die sie ein kleines Papierschiffchen, das sie nach der japanischen Papierfaltkunst Origami gebastelt hat, setzt und erzählt die Legende des Gotts Kamikaze, der, indem er über den Ozean gepustet hat, die kriegerische Flotte der Chinesen, die im 12. Jahrhundert die Feinde der Japaner waren, in die Flucht geschlagen haben soll. Der Pilot der Airfrance berichtet dann, ein Papierflugzeug in der Hand, von den japanischen Suizidkommandos während des Zweiten Weltkriegs und lässt seinen Papierflieger auf Yukalis Schiffchen stürzen. Yukali zerknüllt das Flugzeug und unter ihren strafenden Blicken verlässt er die Bühne, um aber sofort wieder zu erscheinen, sie zu bedrängen und ihr den Hof zu machen. Yukali flieht in ihren Kiosk (die Hütte des Parkplatzwächters), er hämmert an ihre Tür, bastelt ihr ein neues Flugzeug, eine Concorde, und beteuert, immer zu ihren Diensten zu stehen. Enttäuscht und wütend über ihr ablehnendes Verhalten entzündet er das Papiermodell und lässt es brennend, kamikazegleich, zu Boden fallen. Yukali, die außer sich vor Rage das Feuer löscht, schreit ihn an, er möge sie in Ruhe lassen und sie nicht ständig in ihrem Kiosk bedrängen.
Wieder erscheint der alte Crawford in seinem Rollstuhl, diesmal begleitet von einem Double, das ihn als jungen Mann zeigt. Er

raucht eine letzte Opiumpfeife und der Rausch der Droge transportiert ihn ins Hongkong seiner Kindheit zurück. Ein Drache erscheint und - von den übrigen Darstellern getragen - entschwebt er in die Vergangenheit; während sich die Türen der Halle auf den Kai des alten Hafens öffnen, werden brennende Ölfässer und der Dunst der Dämmerung über dem Wasser sichtbar, Crawford evoziert den Duft Hongkongs und ein Chinese ruft ihm zu: *„Welcome back to Hong-Kong, Mr. William S. Crawford!"*
Stella ist im Heim in Québec nach der Misshandlung durch einen Pfleger gestorben und wird von den ‚Schatten' ihrer schon verstorbenen Eltern Lee und Jeanne beerdigt. Mit Kerzen, dem Papierhaus und dem chinesischen Boot, alles Dinge, die der alte Wong in der Traumszene des ersten Teils erwähnt hat und die die Eltern nun an Stella Grabs verbrennen, sprechen sie, jeder in seiner Sprache den letzten Satz (*„And now, she will go like a flying star"* / *„Et maintenant elle s'envolera comme une étoile filante"*). Zusammen verschwinden die drei in der Hütte des Wächters, wo sie ihre Kerzen ausblasen.
Auf dem Boden der dunklen, sandigen Bühne leuchtet ein Meer aus kleinen Lämpchen. Pierre wandert zwischen ihnen umher, installiert eine große Leuchtquelle im Zentrum, verändert hier und da etwas, als Yukali auftritt und verschüchtert bittet, seine Ausstellung ansehen zu können. Pierre erkennt sie wieder, und als er erfährt, dass seine Mutter ihr seine Karte gegeben hat, reagiert er unfreundlich und abweisend. Trotzdem bittet er Yukali zu bleiben und erklärt ihr sein Kunstwerk, das das Universum darstellen soll. Aufgrund der Sprachschwierigkeiten (er ist frankophon und trotz seines Wohnortes Vancouver hat er die englische Sprache nie richtig gelernt) entwickelt sich nur langsam und zögerlich ein Gespräch zwischen den beiden. Schließlich zeigt Yukali Pierre ihre Gemälde der drei Drachen (ein roter, ein grüner und ein weißer), platziert sie in Pierres Konstellation und erklärt, dass ihre Bilder das Gleiche ausdrücken wie seine Lichtspiele. Ergriffen von der Tatsache, dass jemand seine Arbeit versteht, lauscht er Yukalis Erklärungen über die Natur der Drachen und ihre Bedeutung in der fernöstlichen Philosophie.
In einer weiteren Szene befinden sich Yukali und Pierre, die inzwischen ein Paar geworden sind, in einem Zengarten. Sie entdecken die Bedeutung ihrer Namen: Pierre bedeutet Stein und Yukali Smaragd. Pierre erzählt Yukali von einem japanischen Fruchtbarkeitsritual, das auf der Komplementarität von Yin und

Yang beruht, langsam bewegen sich die beiden aufeinander zu, treffen sich in der Mitte der Bühne im Symbol des YinYang, das die übrigen Darsteller aus einem Seil gelegt haben, und vereinigen sich im Liebesakt. Die Lämpchen von Pierres Installation gehen an und das Bühnenlicht wird dunkel.

Im nächsten Moment wird Pierres Kunstwerk zum flackernden Lichtermeer der Stadt Vancouver, das man aus dem Flugzeug heraus sieht. Der Airfrance-Pilot erklärt seinen Passagieren, was sie unter sich sehen (die Chinatown Vancouvers, eine der größten chinesischen Gemeinschaften außerhalb Chinas), kündigt das Wetter in ihrem Zielort Hongkong an und verweist auf die Passage des Kometen Halley, der in einem leuchtenden Schweif am Himmel zu sehen sein wird. Doch die Fluggäste werden dieses Naturschauspiel nicht mehr erleben können, William Crawford wird nicht mehr nach Hongkong zurückkehren, denn der Pilot stürzt sein Flugzeug wenig später in die Tiefen des Pazifiks.

Pierre hat seiner Mutter mitgeteilt, dass er nicht wie vorgesehen nach England gehen wird, um sein Studium zu beenden, sondern nach China. Sie befinden sich gemeinsam auf einem Parkplatz in Québec City, wo Françoise Hoffnung, den Kometen Halley, dessen Passage ihre Mutter hier im Jahr 1910 miterleben konnte, ebenfalls sehen zu können, nicht erfüllt wird. Traurig und enttäuscht wendet sie sich ab, vergräbt eine Musikkugel, ihr Geschenk an Stella, im Sand und rezitiert mit zitternder Stimme den Text des Prologs: *„Je ne suis jamais allée en Chine, moi. Quand j'étais petite il y avait des maisons ici..."* Wie zu Beginn tritt der Parkplatzwächter mit seiner Laterne auf, schreitet die Spielfläche ab und hebt schließlich Stellas Musikkugel auf, so wie er zu Beginn die Glaskugel eingesammelt hat. Während Françoise weiter den Text des Prologs spricht: *„...c'était le quartier chinois. Aujourd'hui, c'est un stationnement..."* löscht der Wächter seine Lampe: C'est la fin de *La Trilogie des Dragons*.

## 5.3 Genese

„[...] *Aujourd'hui, c'est un stationnement"*. Der letzte Satz der *Trilogie* bringt uns zurück zum Ausgangspunkt, zu Lepages ‚*ressource*', zu dem anonymen und neutralen Ort, an dem das archäologische Graben und Fabulieren begann. Zwischen Prolog und Epilog liegen sechs Stunden phantastischen Reisens, sechs Stunden, in denen der Zuschauer den Fäden der Geschichte der *Trilogie* folgte und dabei sein ganz persönliches Netz aus Emotionen, Ideen, Erinnerungen, Assoziationen und Gefühlen spannen konnte. Alles begann auf einem nichtssagenden, mit Sand und Geröll bedeckten Parkplatz in Québec City. „*It doesn't matter where you begin. As long as it's not with a theme, but with a sign, a resource*"[125], so erklärt Robert Lepage seine Herangehensweise an ein Stück. Das Arbeiten mit einem konkreten Objekt, das den Anstoß gibt für weitere Assoziationen und Ideen, gehört sozusagen zu seinen Arbeitsprinzipien. Anhand einiger weniger Beispiele soll nun im Folgenden kurz skizziert werden, wie Lepage und die Schauspieler des *Théâtre Repère* das Mammutprojekt dieser pankanadischen Saga, die fast ein Jahrhundert Geschichte umfasst, erarbeitet haben.[126]

Zunächst war die *Trilogie* ein Projekt, das von Lepage ausging; schon immer war er von den Chinatowns fasziniert, ebenso von der fernöstlichen Kultur und Philosophie. In einem Gespräch mit Rémy Charest erklärt er die Bedeutung Chinas in seinem Stück so:

> Il y a le lieu géographique, mais il y a aussi ce que le lieu représente pour toi. La Chine de la *Trilogie* était une Chine qui seyait bien à ce que nous voulions dire dans le spectacle. [...] Ma fascination pour l'Orient m'aide beaucoup à comprendre l'Occident. Depuis très longtemps, le premier est pour moi un outil de compréhension du second. [...] Il nous faut un miroir, et pour moi, un des premiers miroirs, c'était l'Orient.[127]

Lepage wollte ein Stück kreieren, das sich mit den chinesischen Immigranten in Kanada beschäftigte und er hatte dabei im Hinterkopf eine Geschichte, einen ‚*fait divers*', den ihm seine Mutter einmal erzählt hatte.[128] Als sie als junges Mädchen, am Ende der 1920er Jahre in Québec, ganz in der Nähe des chinesischen Viertels lebte, wurde eine ihrer Freundinnen im Alter von 16 Jahren schwanger. Der Vater dieses Mädchens spielte oft mit einem Chinesen Karten und hatte dabei hohe Schulden gemacht. Der Chinese wollte gerne heiraten, aber zu dieser Zeit gab es nur wenige Frauen in den Chinatowns und Ehen zwischen Kanadiern und Immigranten waren unüblich. So schlug dieser Chinese dem Vater des Mädchens vor, dass er, falls dieser wieder verliere, seine Tochter

---

[125] Manguel (1989): 34.
[126] Eine ausführlichere Beschreibung des Entstehungsprozesses der *Trilogie des Dragons* liefert Lavoie (1987).
[127] vgl. Charest (1995): 42.
[128] vgl. Lavoie (1987): 177f.

heiraten dürfe, falls er gewinne, seine Schulden getilgt seien. Der Vater verlor abermals und so wurde das schwangere Mädchen dem Chinesen zur Frau gegeben. Die Tochter der Frau erkrankte im Kindesalter an Meningitis und wurde später aufgrund der Krankheit in ein Heim gegeben, wo sie im Alter von vierzig Jahren von einem anderen Patienten vergewaltigt und ermordet wurde.
Diese Anekdote war der Grundplot für die Trilogie, obgleich Lepage betont, dass die Handlung des Stücks weit über die Geschichte dieser jungen Frau hinausgeht und sie lediglich als Anstoß für das freie Improvisieren über eine Situation gedient hat. *„Le point de départ, en fait, plus que cette anecdote, c'est le parking. Il n'y avait pas de chair autour de cette ressource, mais nous nous sommes vraiment entendus pour partir de ce parking, pour le faire parler, pour l'explorer en surface et en profondeur"*[129]. Der Parkplatz und die Idee des Grabens, die zu den verschieden Schichten und Geschichten führt, brachten Lepage und die Mitglieder von *Repère* zu den drei Dimensionen, die das Stück prägen sollten: Drei Teile, drei Orte, drei Zeiten. So fanden sie schließlich die drei Städte, in denen das Stück spielt: Québec, Toronto und Vancouver.

> When we began to research about these cities, coincidences began to reveal themselves. Quebec's Chinatown was very active at the beginning of the century; in Toronto's, the most important events happened during World War II; and Vancouver's is alive now, with all the influences coming to us from Asia. All I try to do is to make coincidences happen. So we explore, we improvise, we follow our intuitions.[130]

Intuitiv entstand auch die Zuordnung der einzelnen Drachen zu jedem Teil. In der chinesischen Mythologie gibt es vier Drachen in den Farben weiß, rot, grün und blau. Der weiße Drache steht für das Innere, so blieben drei Drachen, die je einen Teil der Trilogie bezeichnen sollten. Arbiträr teilte *Repère* den grünen Drachen dem ersten Teil zu, den roten dem zweiten und den blauen dem dritten. Später entdeckten sie, wie sehr ihre Intuition sie richtig geleitet hatte, und dass die Attribute, die die Mythologie den Farben der Drachen zuordnet, mit den inhaltlichen Fakten der einzelnen Episoden zusammenhängen:

> [...] we discovered that the green dragon was a sea dragon, connected with springtime (the season the action of the

---

[129] ebd. 178.
[130] vgl. Lefèbvre (1987): 33.

Quebec play); that the red dragon was an earth dragon, related to fire (the war) and summer, which fits with the Toronto play; and that the blue dragon was related to air and fall.[131]

Nicht nur die Jahreszeiten harmonieren mit den Charakteristika der Drachen, sondern auch die Transportmittel, die in der Trilogie evoziert werden, stimmen mit den Elementen, für die die Drachen stehen, überein. So spricht der Chinese im ersten Teil von einem Boot und auch Crawford hat seine Reise in die neue Welt mit dem Schiff gemacht (the sea dragon); zwei bedeutende Szenen des zweiten Teils spielen in einem Zug (the earth dragon), und im dritten Teil ist das dominante Fortbewegungsmittel das Flugzeug (the air dragon). Obgleich Lepage zugibt, dass die Zusammenhänge, die sich aus der Arbeit mit den ‚ressources' ergeben, manchmal fast mysteriös zu sein scheinen, so sehr passe schließlich alles zusammen, erklärt er diese „Zufälle" immer wieder durch das konzentrierte Arbeiten mit allen Darstellern an den Ideen und persönlichen Beiträgen des Einzelnen:

> For such coincidences to happen, I must listen to those I work with. I must let all kinds of explorations happen; I must liberate the longings of the people I work with have to play. [...] they had enough confidence in me to tell me their dreams, their ideas, to confide in me things that had no apparent relation to what we were doing but which would find their place later.[132]

Wenn Lepage diese Energie, die sich von den Darstellern schließlich auf das Publikum, auf Raum und Zeit und das gesamte Ereignis der Aufführung überträgt, als ein ‚Wunder der besonderen Art'[133] beschreibt, dann ist das Wunder, das sich während der ersten Vorstellung der sechsstündigen Fassung der *Trilogie* beim *Festival de Théâtre des Amériques* in Montréal ereignet, sicher das beste Beispiel hierfür: In einer der letzten Szenen des Stücks, in der Crawford im Opiumrausch eine Vision seiner Rückkehr nach Hongkong hat und sich die Türen der Halle, in der die *Trilogie* aufgeführt wurde, öffnen, sieht man in der Dämmerung, vor brennenden Ölfässern, die Sonne im Sankt Lorenz versinken:

---

[131] ebd. 33.
[132] ebd. 33.
[133] vgl. Ortega (1997): 17.

Everything went according to plan. The wall rose slowly, the sun was setting, and then a Chinese barge drifted quietly down the river, framed by the open wall. The audience gasped. The truth is that we had no idea where the barge had come from. Later we learned that a Chinese seaman owned the barge and every so often sailed it down the river.[134]

Ebenso wie der Parkplatz zur inspirierenden Quelle für eine Improvisation über Zeit, Vergänglichkeit und Geschichte wurde, sind andere Gegenstände, die die verschiedenen Darsteller in den Arbeitsprozess mitbrachten und die im Laufe der Entstehung des Stücks eine Eigendynamik entwickelten und in ihrer Bedeutung eine Art Metamorphose durchmachten, als Requisiten oder Teile des Bühnenbilds zu einem Leitmotiv der gesamten Inszenierung geworden. So werden etwa Schuhe bzw. Schuhkartons immer wieder zur Illustration der unterschiedlichsten Situationen verwendet. Lorraine Côté beschreibt die Produktivität dieser Objekte, die Lepage bis ins Äußerste erforscht und nutzt, so:

Un soulier donne beaucoup d'indication sur l'époque, le sexe, l'âge, la condition sociale, l'état physique. La position des souliers donne une image autant du personnage que d'une situation, d'un état intérieur. Nous avons improvisé des scènes, des situations dramatiques avec des souliers.[135]

Schuhkartons dienen Jeanne und Françoise als Mittel zur Konstruktion ihrer imaginären Welt und aus ihnen entsteht auch die erste Figur des Stücks, nämlich Crawford. Im zweiten Teil sind es wieder Schuhe, die die beiden Freundinnen nach langer Zeit der Trennung zusammenbringen, denn Jeanne arbeitet inzwischen in Crawfords Schuhladen. Zu Beginn des zweiten Teils wird Jeanne, gerade in Toronto angekommen, zusammen mit Lee in der Küche gezeigt. Lee schenkt ihr, als Zeichen dafür, dass er das Kind, das sie erwartet, als sein eigenes akzeptiert, ein Paar Babyschuhe und Jeanne lässt diese Schuhe, wie um sie dem Ungeborenen zu zeigen, über ihren runden Bauch „marschieren". In der Szene der *„valse des patineurs"*, in der Françoise und Jeanne tanzend ihr Wiedersehen feiern, stellen die beiden Darstellerinnen ihre Schuhe an den Rand der Bühne und während sich weitere Figuren dem Tanz anschließen und die beiden Freundinnen sich im sich steigernden Tempo der

---

[134] Manguel (1989): 38.
[135] Lavoie (1987): 182.

Musik einer Reihe von Ereignissen ihres gemeinsamen Lebens erinnern, kommen immer mehr Schuhe hinzu. Die Gewalt und Verwüstung des Zweiten Weltkriegs wird dann im Folgenden durch das Auftreten der Soldaten gezeigt, die über die fein säuberlich aufgereihten Schuhe trampeln und so ein Bild erzeugen, das an die Schuhberge der ermordeten KZ-Insassen erinnert. Erinnerung symbolisieren auch die Schuhe, die der jungen Geisha als einziger Gegenstand ihrer in Hiroshima getöteten Mutter geblieben sind und die sie, zusammen mit dem Schuhkarton und einem weißen Kleid, im Andenken an die Verstorbene im Sand vergräbt.

Neben den Schuhen und dem Parkplatz waren die Hütte des Wächters, die verlassene Chinatown Québecs, das chinesische Mahjongg-Spiel oder die Glaskugel, die Françoise Stella schenkt, weitere ‚ressources', die die Struktur der *Trilogie* bestimmten, und aus denen sich, oft auch für die Darsteller, auf phantastische Art und Weise, eine kohärente Geschichte entwickelte:

> Nous avions l'impression que l'histoire était là, qu'il s'agissait de la trouver, qu'il nous suffisait d'être attentif ou sensibles, que tout nous disait quoi faire. [...] Parfois, nous avions l'impression que le spectacle existait et que nous le déterrions, tout simplement. Il avait son existence propre, et nous n'avions qu'à le découvrir en nous, autour de nous.[136]

Obgleich nur sehr skizzenhaft, so zeigt dieser Einblick in die Genese des Stücks trotzdem, wie sehr Lepages Theater jenseits eines geschrieben Textes operiert und welche Bedeutung er stattdessen dem Visuellen zukommen lässt: *[...] l'équipe de la Trilogie a fait prendre conscience au public que des lieux et des objets qu'on laisse parler finissent effectivement par prendre la parole..."*[137]

## 5.4 Analyse

### 5.4.1 Sprache

*„Les lieux et les objets qu'on laisse parler finissent effectivement par prendre la parole"*: Lepages Theater privilegiert das Visuelle vor dem Text, seine *work-in-progress*-Methode situiert eine schriftliche

---

[136] Lavoie (1987): 184.
[137] Soldevila (1987): 176.

Fixierung der Handlung erst nach dem Abschluss aller Proben und Vorstellungen, und Bilder, Gesten, Tanz, Musik und Körper vereinen sich in seinen Stücken zu einem polyphonen Zeichensystem, das die Hierarchie von Sprache im Theater grundsätzlich in Frage stellt. Auf formaler Ebene wird der Text zugunsten einer Revalorisierung der übrigen Theaterzeichen desakralisiert, inhaltlich thematisiert Lepage die Funktionen, die Bedeutung und die Grenzen von Sprache jedoch sehr wohl.

> Depuis bientôt deux décennies, à travers ses productions bilingues ou multilingues, Lepage fait de l'interculturalisme l'une de ses spécificités (et il en fait une déclaration politique aussi bien qu'une affirmation de principes artistiques).[138]

Die *Trilogie des Dragons* kann dabei als ein paradigmatisches Beispiel für die Verwendung nicht nur verschiedener Sprachen, sondern auch unterschiedlicher Register genannt werden. Durch die Konfrontation von Geschichten, Kulturen, und einer Vielzahl von sprachlichen und nicht-sprachlichen Codes, die weit über die Mechanismen einer einzelnen Sprache hinausweisen, verwischt Lepages Stück die klaren Demarkationslinien zwischen der frankophonen, katholischen Mehrheit und der anglophonen, meist protestantischen Minderheit in Québec. So wird nicht nur die diglossive Situation Québecs als Relikt des Kolonialismus dargestellt, sondern auch ein Sprachraum für die sogenannten allophonen[139] Minderheiten der Provinz geschaffen, der auf ein befreites Kultur- und Identitätsverständnis im Sinne einer interkulturellen Kommunikation zielt. Die politische Brisanz eines solchen Unterfangens erklärt Lepage in einem Gespräch mit Rémy Charest in erster Linie durch die nationalistische Verschlossenheit der Québecer Gesellschaft, die trotz der signifikanten Veränderungen der letzten dreißig Jahre die ethnische Vielfalt und deren Potenzial für eine multikulturelle Gemeinschaft noch nicht akzeptiert hat:

> Le Québec admet mal l'existence des parties très diversifiées qui le composent. [...] Il est très difficile de montrer aux Québécois des visages du Québec autres que celui de la majorité.[140]

---

[138] Dvorak (1997): 139.
[139] Als ‚allophon' bezeichnet die Linguistik diejenigen in Québec ansässigen Sprachgruppen, die nicht Englisch oder Französisch sprechen.
[140] Charest (1995): 57f.

Sein Theater präsentiert eine kulturelle Karte heterogener, transitiver und mobiler Identitäten und die Verwendung von drei Sprachen, die zum Ausdruck der ethnischen Vielfalt Québecs wird, ist dabei trotzdem nie eine Kommunikationsbarriere:

> Jamais les langues ne se font véritable obstacle; elles s'accordent, à la poursuite d'un objectif commun. De la confusion apparente naît la communication réelle, intense. On ne parle pas 'exotiquement' anglais, chinois ou japonais. Les langues étrangères s'intègrent au projet, au propos du spectacle.[141]

Die multilinguale Produktion *La Trilogie des Dragons* wurde überall auf der Welt vor einem in den meisten Fällen einsprachigen Publikum gespielt und hat Lepage und seiner Truppe an allen Aufführungsorten einen triumphalen Erfolg beschert. Lepage unterstreicht in diesem Zusammenhang die Tatsache, dass es nirgendwo einer Übersetzung oder Übertitelung der Inszenierung bedurfte und verweist damit gleichzeitig auf die Problematik, die den Phänomenen interkulturellen Übersetzens zugrunde liegt:

> The challenge is to make the play understood by both English and French audiences *without translating*. We performed it in Quebec City, where very few people spoke English, and in Toronto, where hardly anyone understands French, *without changing a single line of the text*.[142]

Vor allem im Kontext der Sprachpolitik der Provinz Québec wurden die diskursiven Implikationen von Übersetzungen immer wieder thematisiert und dabei herausgestellt, dass schon der französische Terminus ‚traduction' die Adaption jeglicher fremder Elemente, die Anpassung des Anderen an das eigene kulturelle System impliziert. Im Rekurs auf die Semiotik haben Übersetzungstheoretiker darauf verwiesen, dass Sprache als ein Code unter vielen verstanden werden muss und es daher eines komplexen kulturellen Wissens des Übersetzers über dessen rein linguistische Kompetenzen hinaus bedarf, um eine korrekte Übersetzung jedweden Textes in eine anderen Sprache zu gewährleisten. Gerade in Québec hat man jedoch im Zusammenhang mit dem Kampf um eine von Anglizismen befreite Sprache in Übersetzungen oft eine Tendenz festgestellt, jegliche fremde Elemente zu eliminieren, die so zu einer

---

[141] Camerlain (1987): 85.
[142] Crook, Barbara (1987): „Multilingual play focuses on Chinatowns". In: *The Ottawa Citizen* (3 avril), zitiert nach Dvorak (1997): 65.

signifikanten Verschiebung von kulturellen, sozialen und ideologischen Codes geführt hat.[143] Sherry Simon bemerkt in diesem Zusammenhang, „*that cultural exchange is nourished by individual desires and infatuations, just as it feeds on the tensions of historical relationships*"[144]. Diese Problematik, die auch im postkolonialen Diskurs einen hohen Stellenwert einnimmt[145], umgeht Lepage bewusst durch eine Ästhetik, die die Sprache von Bildern, von Körpern und Objekten vor der des rein linguistischen Textes privilegiert. Dabei erfüllt der Multilingualismus seiner Stücke, und im besonderen der der *Trilogie*, eine mimetische Funktion gegenüber einer ganzen Reihe von Pluralitäten, mit denen das Stück arbeitet, so z. B. die Pluralität der körperlichen und visuellen Ausdrucksformen, aber auch der Heterogenität des verwendeten kulturellen Materials.[146] Im vollen Bewusstsein eines möglichen partiellen Unverständnisses nutzen Lepage und seine Darsteller so die linguistische Konfusion, um sie zu einer fruchtbaren Quelle neuer Bedeutungen zu machen, „*en incitant les spectateurs, où qu'ils soient, à quelque nationalité qu'ils appartiennent, quelle que soit leur langue, à être des co-créateurs actifs dans un œuvre d'exploration*"[147].

Die Fusion der verschiedenen Sprachen der Trilogie wird oftmals zu einer musikalischen Collage, zu einer Tontextur, die die Musikalität des Textes herausstellt, und ihn so über seine Bedeutungsvermittlung hinaus zu einem sekundären Zeichen der Theatersprache Lepages macht. So wird z. B. der Text des Prologs von Stimmen aus dem Off in drei Sprachen skandiert, die sich schließlich überlagern und die, wie ein Kanon, der noch lange nachklingt, die gesamte Inszenierung in eine subtile Schwingung versetzen.

Die Qualität der linguistischen Zeichen bleibt dabei gerade aufgrund ihrer Enthierachisierung im Zusammenspiel mit den anderen Theaterzeichen sehr einfach. Nie sind die Sätze, die die Figuren sprechen, in ihrer Struktur kompliziert oder gar bedeutungsschwer. Die verwendeten Register des Französischen und Englischen dienen vielmehr als Indikatoren für die kulturellen Kontexte, aus denen die Sprecher entstammen. So ist das Spiel von Jeanne und Françoise im ersten Teil der Trilogie ganz klar durch

---

[143] vgl. hierzu auch Dvorak (1996): 59.
[144] Simon (1995): 7f.
[145] Simon (1996): 46f.
[146] vgl. Simon (1994): 160.
[147] Dvorak (1996): 70.

ihren umgangssprachlichen Ton und das ‚*parler québécois*' geprägt, wobei Lorraine Camerlain[148] betont, dass es sich eben nicht um das sprachlich arme ‚*joual*' der Arbeiterklasse handele, das seine Premiere als Bühnensprache mit Michel Tremblays Les Belles Sœurs hatte, sondern vielmehr um die Manifestation einer authentischen québecer Varietät des Französischen.

Die folgende Szene zeigt nicht nur, wie sehr das ‚*québécois*' gerade phonetisch von der französischen Standardsprache abweicht, sie illustriert diese ‚*identité locale*' besonders in Abgrenzung zum fremdmarkierten Französisch des Chinesen, über das sich die beiden Mädchen lustig machen:

| | |
|---|---|
| Jeanne: | Françoise, Françoise, dépêche-toi! Je pense que je suis en retard pour aller porter les draps! (*Françoise rejoint Jeanne*) Ben viens! Viens avec moi, j'veux pas y aller toute seule! |
| Françoise: | Hi! Que t'es **peureuse**! |
| Jeanne: | J'ai pas peur! J'aime pas ça y aller toute seule à la blanchisserie. |
| Françoise: | Y te mangera pas le Chinois! C'est pas un lion, c'est un Chinois! |
| Jeanne: | J'espère que ca va être le jeune, pas le vieux! **Y** est assez **lette** avec ces lunettes, **y** ressembles à une mouche! (*Elles frappent à la fenêtre de la cabane*) |
| Jeanne: | I come to bring the sheet of my father! No starch! (*A Françoise*) Regarde, **y** va me donner un petit morceau de papier là, **pis y** va dire „mêci"! (Un temps.) |
| Chinois: | Mêci! (*Elles éclatent de rire et se sauvent.*) |
| Françoise: | Ching Chong! Won Ton! Ping pong![149] |

Auf der Ebene der beiden Fremden, im Moment der ersten Begegnung zwischen Crawford und dem Chinesen Wong, wird durch ein raffiniertes Sprachspiel schließlich nicht nur die relative Ineffizienz von Sprache gegenüber den von den Figuren verwendeten visuellen Zeichen der Gestik und Mimik illustriert, sondern allegorisch auch auf die kulturelle Dissonanz zwischen den „*deux solitudes*" Kanadas verwiesen:

---

[148] Camerlain (1987): 91.
[149] *Trilogie*: 12. [Die fettgedruckten Stellen markieren die umgangssprachlichen und durch das „québécois" geprägten Worte der beiden Mädchen; Hervorhebungen von mir.]

| British: | Yes, good evening Sir, excuse me for intruding, but my name is William S. Crawford and I am looking for a shoe store called la cordonnerie Petitgrew, or PetiteGrew, or Petite Grosse or something like that.... |
|---|---|
| Chinois: | The store is burn. |
| British: | Are you telling me a star is born? |
| Chinois: | The store is burn. |
| British: | I'm sorry but I don't quite understand what you're saying... |
| Chinois: | Pettigrew... (Avec sa chandelle il enflamme le papier que le British tient à la main.) |
| British: | Oh!... I see, you mean it burned down... Well, I guess my last chance of selling shoes in Quebec City went up in smoke... hasn't it?[150] |

„La scène où se rencontrent les deux principaux personnages d'étrangers prend curieusement racine, de façon originale et dramatiquement fort efficace, au cœur même d'une question constitutive de notre identité nationale: les problèmes linguistiques"[151]. Crawford als Brite und damit sowohl als Vertreter der ehemaligen Kolonialmacht, als auch als Repräsentant einer der machtvollsten und meist verbreiteten Sprachen der Welt, ist nicht in der Lage, sich in einer anderen als seiner Muttersprache verständlich zu machen (die wenigen Brocken Chinesisch, die er spricht, können nicht als Sprachbeherrschung bezeichnet werden). Trotz Wongs Verständnisschwierigkeiten redet er aber weiter in einem äußerst distinguierten Englisch auf ihn ein. Diese Situation verweist ganz deutlich auf das sprachliche Ungleichgewicht zwischen den beiden großen Sprachgruppen Kanadas und die zunächst uneingeschränkte Dominanz des Englischen in allen Bereichen des öffentlichen Lebens. Ebenso ist die Szene signifikant für den verschärften Nationalismus der Québecer, die sich in Folge des Inkrafttretens der ‚charte de langue française' in überzogenem Maße in ihre ‚identité québécoise' zurückzogen und jeglichen fremden Einfluß auf ihre Kultur zu eliminieren suchten.

Die Bedeutung von Sprache für das kulturelle Bewusstsein der Québécer zieht sich wie ein roter Faden durch die Trilogie und je mehr sich die Geschichte mit dem letzten Part der Gegenwart nähert, um so mehr ist eine Verschiebung der Wertigkeit von

---

[150] *Trilogie*: 6.
[151] Camerlain (1987): 87.

Sprache zu verzeichnen. Während die linguistischen Unterschiede zwischen den frankophonen Québecern, dem anglophonen Crawford und dem Chinesen im ersten Teil der *Trilogie* noch ein Grund für vollkommenes Unverständnis war und zu einer ethnischen Abgrenzung zwischen den einzelnen kulturellen Gruppen führte, beschreibt Jeanne im zweiten Teil ihr Zusammenleben mit Lee als eine schrittweise Annäherung, die auch über Sprache geschieht:

> Jeanne: De toutes façons, c'est Lee Wong le père de Stella maintenant. [...] Ça a été dur au début mais, il a appris quelques mots de français, j'ai appris quelques mots de chinois, pis avec un peu d'anglais mélangé à tout ça, on a fini par comprendre.[152]

Im dritten Teil, im Vancouver der 1980er Jahre, bedeutet das Nicht-Beherrschen einer Sprache nicht mehr notwendigerweise die Unmöglichkeit von Kommunikation. Françoises Sohn Pierre, der als Künstler in Vancouver lebt, spricht trotz seines Wohnorts im anglophonen Teil Kanadas nur schlecht Englisch. Um sich mit der jungen Japanerin Yukali, die in seine Galerie kommt, verständigen zu können, vermischt er auf gerade komische, aber auch sehr befreite Art und Weise Englisch und Französisch:

> Pierre: Oui. Le titre... the title of the installation, it's Constellation. [...] Voulez-vous boire du vin? You... want drink du vin? Wine? [...] Seulement white wine par exemple [...] You don't find Château Redon in Vancouver. Les Canadiens anglais... English Canadians they don't drink Château Redon. And my mother, when she comes à Vancouver, she always bring back une couple de bouteilles.[153]

Der Dialog zwischen Pierre und Youkli zeigt, dass die Begegnung zweier Menschen, die sich nicht kennen, eine Begegnung zwischen zwei Geschichten und zwei verschiedenen Codes ist, deren Komplexität weit über die Beherrschung von Sprache hinausgeht. Denn neben ihrer primären Funktion als Medium der Kommunikation ist Sprache einer der wichtigsten Indikatoren kultureller Identität. Wenn Lepage die Effizienz von Sprache immer

---

[152] *Trilogie*: 31.
[153] *Trilogie*: 63.

wieder in Frage stellt, dann bedeutet das ästhetisch nicht nur eine Reakzentuierung von Visualität im Theater, sondern ist auch ein Indiz für ein plurales und transitives Verständnis von Identität in einer durch Migration und kulturelle Vermischung geprägten Welt.

5.4.2 Identität

Dass Lepages *Trilogie des dragons* eine Inszenierung ist, die durch die Thematisierung der Geschichte des Kulturraums Québec auch die Problematik der Identität dieser Provinz sowie die ihrer Repräsentanten ins Spiel bringt, manifestiert sich nicht nur durch die Verteilung der sprachlichen Register. Schon in der ersten Szene, im kindlichen Spiel der Cousinen Jeanne und Françoise, die im ständigen Wechsel die Menschen ihrer Umgebung karikieren, ihnen durch ihr Spiel eine zweite Existenz verleihen, wird die Frage der Identität auf bildhafte Art und Weise dargestellt. Der Dialog zwischen den spielenden Mädchen, ihr Eintauchen in eine Welt zwischen Phantasie und Realität, wird immer wieder durch ein „OK. On change" durchsetzt, das den Wechsel von einer Person, von einer Identität zu einer nächsten markiert. Das Spiel der Kinder mit den Identitäten steht für ein Grundverständnis von Identität im Sinne einer sich wandelnden, veränderbaren und nicht festgeschriebenen Größe, das Lepage besonders anhand der Figuren von Crawford und Pierre entwickelt.

Pierre, der Sohn von Françoise, ist Künstler und lebt fern von seiner Mutter und seinen kulturellen und sprachlichen Wurzeln im anglophonen Vancouver. Die Szene am Flughafen verdeutlicht auf der einen Seite seine linguistische Zugehörigkeit zu Québec, wie auf der anderen Seite auch seinen Wunsch nach Abnabelung, Befreiung und Unabhängigkeit von seiner Mutter und ihrer gemeinsamen, engen und einengenden *„mentalité québécoise"*.

> Françoise: Attends, attends un p'tit peu Pierrot, je vais aller au p'tit kiosque qui est là, faut que j'achète un p'tit souvenir pour Stella.
> Pierre: Maman, on a pas le temps, tu vas manquer ton avion.
> Françoise: Comment ça je vas manquer mon avion? Y reste encore une heure.
> Pierre: Bon, ben, ça ben l'air que j'en ai encore pour au moins une heure à niaiser ici.[154]

---

[154] Trilogie: 51.

Pierre fühlt sich nicht nur durch seine Mutter wie ein kleines Kind behandelt, er schämt sich auch ob ihrer aufdringlichen Geschwätzigkeit gegenüber der Kioskverkäuferin Yukali und dem Piloten Philippe Gambier, denen sie bereitwillig und ungefragt sämtliche Details ihres und Pierres Lebens erzählt. Für Pierre ist die Situation mehr als peinlich, und die Begegnung mit Yukali bleibt daher für ihn zunächst nur mit dem unmöglichen Verhalten seiner Mutter in Zusammenhang.

Die folgende Szene zeigt Pierre mit seiner Freundin Maureen bei einem Ausflug in die Berge. Seine Höhenangst und der Schwindel charakterisieren ihn hier nicht nur als verkrampft, in sich zurückgezogen und in seiner Beziehung zu seiner Freundin unzufrieden, sondern gerade der Schwindel (‚vertigo') verweist indirekt auf Hitchcocks Film und die darin thematisierte Identitätsproblematik, die auch dieser Szene zugrunde liegt. Pierre verweigert sich seiner Freundin, und diese rechnet in einem wütenden Wortschwall, der Pierres Persönlichkeit nicht treffender beschreiben könnte, mit ihm ab:

> Maureen: OK. Now, listen, Pierre... you are really adorable... No, it's true! I find you are the most adorable guy I know... But I thought we'd come here tonight and have fun, laughing and doing wild things, get it? I mean... You always talk about your work, your fucking gallery, your exhibitions, your fears, your metaphysical panic... It's very interesting, cause I think you're the most intelligent boy I've met, but we don't have to be serious all the time! ... You ... you get up in the morning and you cannot even eat a muffin without thinking how you relate to that muffin. Compared to you, Woody Allen is nothing! [...][155]

Weder seine Mutter noch seine Freundin sind für Pierre geeignete Partner, die ihn in seiner Suche nach seinem Ich unterstützen, und auch der erste Kontakt mit Yukali auf dem Flughafen von Vancouver verläuft so unpersönlich wie es der Ort ist, an dem er stattfindet. Erst das zweite Treffen in Pierres Galerie erlaubt schließlich eine wirkliche Konversation zwischen den beiden und trotz seines sprachlichen Unvermögens finden die beiden über das Medium der Kunst eine gemeinsame Ebene. Seine Unsicherheit im

---

[155] *Trilogie*: 59.

Gebrauch der englischen Sprache kann dabei als ein Indiz für seine identitäre Instabilität gedeutet werden. Obwohl Yukali als eine im anglophonen Teil Kanadas lebende Asiatin nicht Französisch spricht, kommuniziert er mit ihr in einem Kauderwelsch aus beiden Sprachen, was die Vermutung zulässt, dass er sich von seiner Muttersprache, die in der Soziolinguistik auch als ‚*identity-tongue*'[156] bezeichnet wird, nicht lösen will. Auch im weiteren Gespräch verweist Pierre immer wieder auf Aspekte seines Französisch-Seins und seine tiefe Verwurzelung in der französischen Kultur: Er trinkt französischen Rotwein, liest die Comics von Tintin und erkennt Yukalis Parfum aufgrund seiner „*french nose*"[157]. Erst als Yukali ein wirkliches Interesse für Pierres Arbeit und seine Installation bekundet, kommen sich die beiden näher. Gemeinsam entdecken sie, dass ihre Arbeiten, obwohl in der Form vollkommen verschieden, inhaltlich eine ähnliche Aussage haben:

> Pierre: [...] You look at mon travail, mon installation, I look at ton travail, tes dessins.
> Yukali: [...] These are dragons: the green dragon, the red dragon and the white dragon. A trilogy. When I paint it, I just sit and wait, and it came out of me. With the colours, I try to make the light come over the paper... You are doing the same with electricity.
> Pierre: Non, non, c'est pas pareil. Toi, ton travail, ça part de... *(il montre son ventre.)* Toi, t'es branchée sur toi. You plug in you. Me, I plug in the wall. It's cold. Gadgets.
> Yukali: But it touches me. Look, I'm working with the space inside. Small. You are working with the space around us. You put the universe in a small room. And here, I feel safe, secure, in your universe.
> Pierre: C'est la première fois, first time, somebody tells me that. [...]
> Yukali: You know, the dragon it's the symbol of a part of yourself that you have to fight, to arrive to something larger.
> Pierre: Oui, un idéal, une quête.[158]

---

[156] vgl. Bovet (2000): 3.
[157] *Trilogie*: 65.
[158] *Trilogie*: 64-65.

Über den künstlerischen Austausch mit Yukali erfährt Pierre zum ersten Mal die Anerkennung und das Verständnis seiner Arbeit und gelangt dabei zu einem tieferen Verständnis nicht nur seiner Kunst, sondern auch seiner selbst. Seine Installation aus kleinen Lichtern und Lämpchen, die die Bühne in eine funkelnde Fläche im Dunkeln verwandelt, repräsentiert das Universum („*the space around us*'), Yukalis Drachen stehen für den Drachen im Menschen („*the space inside*'), für eine innere Suche nach etwas Höherem, das überwunden werden muß, damit man sein Ziel erreicht. Dieses identische Streben nach etwas Größerem drücken beide durch die Verwendung von Licht aus: Pierre durch den Einsatz von Elektrizität, Yukali metaphorisch durch ein Licht, das aus ihren Bildern hervortreten soll („*With the colours, I try to make the light come out of the paper... You are doing the same with electricity*"[159]). Die beiden Kunstwerke sind nicht nur komplementär angelegt, sondern stehen darüber hinaus für den schmalen Grat zwischen Identität und Universalität, zwischen dem Bejahen der kulturellen Partikularitäten der Provinz Québec und ihrer Öffnung hin zu einer kosmopolitischen, interkulturellen Welt. Pierres Wunsch, Yukalis Bilder in seine Installation zu integrieren, verweist schon auf die folgende Szene, in der ihre Begegnung einen spirituellen Höhepunkt erfahren wird. Das dritte Zusammentreffen der beiden ereignet sich in einem japanischen Zengarten, in dem sie als Künstler selbst Teil eines Kunstwerks werden. Sie entdecken die Bedeutung ihrer Namen („*my name is Pierre, and en français, it means rock, stone, it means pierre. – My name is Yukali, and in japanese, it means precious stone, emerald. – We are like two stones... in a zen garden*"[160]), und positionieren sich in gegenüberliegenden Ecken der Bühne, von wo sie, jeder in seiner Sprache, ein japanisches Fruchtbarkeitsritual beschreiben, das auf der Komplementarität von Yin und Yang beruht. Während die beiden den Text rezitieren, legen zwei Gruppen von Japanern - wie im von den beiden beschriebenen Ritual - zwei dicke Seile im Symbol des Yin Yang in der Bühnenmitte zu Boden, wo sich Pierre und Yukali schließlich treffen. Pierre versucht, mit zwei Steinen Feuer zu machen, aber Yukali kommt ihm mit einem Feuerzeug zu Hilfe. Wie im Liebesakt vereint wiegen sich die beiden im Zentrum der Bühne, während die Japaner an einem Ende des Seils ziehen und das Yang-Symbol in sich zusammenfällt. Daraufhin sprechen Pierre und Yukali den

---

[159] *Trilogie*: 64.
[160] *Trilogie*: 66.

letzten Satz des Rituals, der erklärt, dass die Stabilität des Yin-Symbols Fruchtbarkeit, Weisheit und Liebe bedeutet.

Diese Szene steht nicht nur für Pierres Identitätsfindung durch die Begegnung mit Yukali, mit ihrer Kunst und für seine Initiation durch das japanische Konzept von Yin und Yang. Sie greift auch die Thematik ihrer vorangegangen Begegnung, nämlich der Bedeutung von Licht als einer Metapher der Hoffnung und der Erfüllung und des Erreichens von Ganzheit durch die Ergänzung durch das Andere wieder auf. Pierres Identität erfüllt sich gerade durch die künstlerische, spirituelle wie schließlich auch physische Begegnung mit Yukali, mit dem Fremden, ein Motiv, das nicht nur für Lepages Verständnis von Ost und West sehr typisch ist, sondern auch auf die im postkolonialen Diskurs untrennbar miteinander verbundenen Konzepte von Identität und Alterität verweist. Durch die Erfahrung mehrfacher kultureller Zugehörigkeit und die Präsenz unterschiedlicher ethnischer Gruppen reicht das Fremde unmittelbar in die Selbsterfahrung herein. Das Spannungsfeld, das hierbei entsteht, bezeichnet Bhabha als einen ‚Dritten Raum', als einen Raum, der der Polarisierung entgeht und *„in dem wir unser Selbst als ein Anderes neu erfahren"*[161]. Mit Yukali und in der Begegnung mit ihrer Kunst ist Pierre in einen solchen ‚Dritten Raum' eingetreten. Trotz ihrer Liebe bleiben beide getrennte Identitäten. Ihre Verbindung ist kein Kampf (*„there are no winners und no losers"*, sagt Yukali am Ende der Szene), sondern eine fruchtbare Begegnung mit dem Anderen.

Ebenso wie Pierre mit seiner Identität zu kämpfen hat, zeigt sich auch in der Figur von William S. Crawford im Verlauf der Trilogie eine deutliche Rückbesinnung auf sein wahres Ich und die Suche nach seinen kulturellen Wurzeln. Es ist sicher kein Zufall, dass die beiden Figuren von demselben Darsteller (Robert Bellefeuille) gespielt werden, denn so werden ihre Gemeinsamkeiten sowie ihre charakterlichen Unterschiede besonders evident. Crawford wird als Cliché-Gentleman aus England in die Geschichte eingeführt, der in Hongkong geboren wurde, im Alter von zehn Jahren nach England zurückkehrte und als Erwachsener nach Québec kommt, um schließlich in Toronto ein Schuhgeschäft zu eröffnen. Crawford ist neben Françoise die einzige Figur des Stücks, die den Zuschauer durch alle drei Teile begleitet und die in allen drei Städten eine Zeit lang lebt.

---

[161] Bhabha (2000): 58.

> [...] il est le seul personnage de la *Trilogie* à en avoir l'âge exact (il naît et meurt avec le passage de la comète et sera donc obsédé par l'étoile filante elle-même), il a séjourné dans les trois villes du spectacle (on en est sûr pour Québec et Toronto et on le suppose pour Vancouver, puisqu'il y prend l'avion le ramenant vers la Chine d'où il est parti) et il y apparaît au début et à la fin, pour ouvrir et clore le cycle qui marque également son propre trajet.[162]

Seit dem Moment, in dem er ins Stück eingeführt wird, ist Crawford ein Reisender und immer unterwegs. Von der *rue Saint-Joseph*, wo Jeanne und Françoise ihn sozusagen ins Spiel bringen, in die Wäscherei des Chinesen und durch die langen Korridore seines Kellers, im Zug nach Toronto und schließlich am Flughafen von Vancouver; sein rastloses Reisen scheint Ausdruck zu sein für eine innere Unruhe und ein ständiges Suchen nach dem eigenen Ich.

Im ersten und zweiten Teil der *Trilogie* spricht er fast ausschließlich sein elegantes und akzentuiertes ‚British-*English*' und seine wenigen Versuche, auf Französisch oder Chinesisch zu kommunizieren, zeigen, dass er beide Sprachen kaum beherrscht. Crawford personifiziert in gewisser Weise die kondensierte Attitüde des Briten gegenüber anderen Kulturen. Ohne die Québecer oder die Chinesen in irgendeiner Form zu verachten oder sie despektierlich zu behandeln, geht er ohne jeden Zweifel davon aus, dass sie sich seiner Sprache anpassen, nicht umgekehrt. Da bis in die 1940er Jahre das Englische in ganz Kanada noch die dominierende Sprache war, stößt er mit seiner Haltung auch auf keinerlei Widerstand. Erst im letzten Teil, in einer Zeit, in der die Zweisprachigkeit Kanadas zu einem brisanten Politikum geworden ist, besinnt sich Crawford seiner eigenen kulturellen Wurzeln. Wie um die veränderte Situation zu demonstrieren, wird der inzwischen gealterte Crawford in einem gesundheitlich stark angegriffenen Zustand gezeigt. Durch den Opiumgenuss hat er seine Geisteskraft und sein Gehvermögen verloren und so kann er, an den Rollstuhl gefesselt, nur noch mit sich selbst reden. Während er auf dem Flughafen von Vancouver auf sein Flugzeug wartet, das ihn nach Hongkong und somit zu seinen identitären Wurzeln zurück bringen soll, erzählt er auf Englisch die wenigen Erinnerungen an seine Kindheit in China. Wie um seine Entfremdung von sich selbst und seiner Umwelt zu illustrieren, kommt seine Stimme von einem Kassettenrecorder. Zunächst evoziert er seine Kindheit in der Fremde und die Gerüche

---

[162] Pavlovic (1987b): 129.

Chinas; er übersetzt die Bedeutung des Namens der Stadt Hongkong, der so viel wie ‚Hafen der Düfte' bedeutet und erklärt die Faszination des Dufts dieser Stadt durch das Zusammenwirken der orientalischen und okzidentalen Essenzen. „*One thing I remember very well about Hong Kong is it's peculiar smell [...] which is a blend of traditional oriental encense, of jasmine, lotus, and european fragrances of lavanda and citrus fruits.*"[163] Hier taucht wieder das Motiv der gegenseitigen Befruchtung von Ost und West auf, das sich wie ein roter Faden durch Lepages Inszenierung zieht. Erst im letzten Moment der Replik Crawfords sind seine Worte wieder seine eigenen, und die Sprache, die er spricht, ist nicht mehr Englisch, sondern Chinesisch. In der Sprache, die zwar nicht seine Muttersprache, wohl aber die seiner frühesten Kindheit ist, stellt er nun die alles entscheidende Frage: „*Who tsiao William S. Crawford Ma?*" (Ist mein Name William S. Crawford?). Die Tatsache, dass er die Frage nach seiner Identität auf Chinesisch stellt, scheint die Antwort schon zu implizieren: Um das zu benennen, was ihn in seiner Person definiert, ist er schon vor seinem Rückflug in seinen Gedanken und im Rausch des Opiums nach China zurückgekehrt. Sein lebenslanges Reisen scheint sich in dieser Vision auf dem Flughafen in einem Kreis zu schließen, denn von hier soll er nun zum Ort seiner Geburt zurückgebracht werden. Seine letzten Worte lassen aber schon Zweifel an der Erfüllung seines Traums aufkommen, denn als ob er sich im Moment der inneren Rückkehr darüber im Klaren ist, dass er die letzte Etappe seiner Reise nicht mehr schaffen wird, weil das Flugzeug abstürzen und ihn in den Tod reißen wird, fügt er an die Frage nach seiner Identität folgende Worte an: „*I don't quite remember. You see, opium is a tricky little game*"[164].

Trotz seiner Anstrengungen ist es Crawford nicht vergönnt, die Phantasie seines Opiumrauschs mit der Realität in Einklang zu bringen. Seine Suche nach Identität endet im Tod. Vielleicht, weil er nicht wie Pierre und Yukali zur Welt der schönen Künste gehört; vielleicht, weil er das koloniale Erbe Québecs repräsentiert. Derjenige, der Crawfords Reise zu Ende bringen wird, ist schließlich niemand anders als der junge Québecer Pierre. Am Ende des Stücks teilt er seiner Mutter mit, dass er nicht wie beabsichtigt nach England gehen wird, um sein Kunststudium fortzusetzen, sondern nach China. Er hat durch seine Begegnung mit Yukali gelernt, zu

---

[163] *Trilogie*: 50.
[164] *Trilogie*: 50.

seiner ‚identité québécoise' zu stehen und gleichzeitig seine Offenheit gegenüber dem Neuen und Fremden zu bewahren. Die politische Botschaft ist dieser Schlußszene implizit: Québecs Platz in einer pluralen Welt muss sich durch einen gefestigten Identitätssinn, gepaart mit Akzeptanz und Neugierde gegenüber anderen Kulturen charakterisieren.

### 5.4.3 Alterität

Durch die Figur des archetypischen, einsamen Chinesen, der in den Chinatowns Kanadas wie in einem Ghetto lebt, und dem eine Integration in die Gesellschaft aufgrund verschiedener Faktoren verwehrt ist, erforscht Lepages Trilogie die kulturelle Diversität seines Landes, wie auch die symbolische Dimension von Fremdheit im Kontext der Auseinandersetzung mit einer ‚identité culturelle québécoise'. Besonders im ersten Teil fungieren die chinesische Gemeinschaft, bzw. deren Repräsentanten, der Wäschereibesitzer Wong und sein Sohn Lee als Stereotypen für das Fremde innerhalb der Gesellschaft Québecs: „*Although he lives in the midst of the community he is not a member of it*"[165]. Oft wurde Lepage gerade diese Stereotypisierung, die bewusste Orientalisierung der Chinesen vorgeworfen. Sherry Simon hebt in diesem Zusammenhang aber besonders hervor, dass die hier thematisierte Fremdheit nicht unbedingt ein realistisches Bild der chinesischen Immigranten wiedergeben will, sondern dass das Andere immer als das Andere im Kontext des Eigenen betrachtet wird:

> *The Dragon Trilogy* was not predicated on an economy of exchange. Rather the „otherness" which is explored is always the otherness within, Chineseness as it is experienced and worked through as an element of Quebec and Canadian culture.[166]

Auch Lepage selbst betont, dass er ganz bewusst kein realistisches Bild Chinas präsentieren wollte und dass die dargestellte Fremdheit als Folie zu einer Reflexion über die eigene kulturelle Identität dient:

> [...] we're talking about ourselves through our visions of China. It's the opposite of a documentary. It's as if we would have said: we're going to do something about China, so we take this camera and we go to China and we bring back images, and we say, you see how Chinese people are

---

[165] Simon (2000): 220.
[166] Simon (1998):140.

different from us. [...] We try to say, we've been to China, now look at how we look, how we are made.[167]

Schon der erste Satz des Prologs, „*Je ne suis jamais allée en Chine*", deutet auf den phantastischen Charakter der Auseinandersetzung mit dem Fremden hin und weist damit jeglichen Anspruch auf historische oder kulturelle Akkuratesse von sich:

> En ouverture comme en clôture, cette phrase capitale pose comme résultant d'une naïveté fondamentale, d'un rêve pur, d'une méconnaissance de la Chine réelle l'hallucination de cette Chine mythique et fabuleuse que l'on convoque en l'abordant sous l'angle de l'effet qu'elle a sur nous [...].[168]

Die Simultanität der drei Sprachen des Prologs, das Nebeneinander der beiden westlichen Sprachen mit dem exotisch anmutenden Chinesisch, entführt den Zuschauer zu einer Traumreise in die Fremde, die sprachlich und räumlich plötzlich sehr nah zu dem Bekannten, Alltäglichen zu sein scheint. Nicht nur durch die akustische Initiation und die Symbolik des Grabens und Suchens nach dem Fremden unter den Schichten des Eigenen konfrontiert uns Lepage mit seiner Vision Chinas, sondern auch durch die sofortige Präsenz des Chinesen in der Handlung des Stücks. In der Tat zeigt gerade der erste Teil die chinesische Gemeinschaft Québecs durch sämtliche vorherrschenden Klischees. Wong besitzt eine Wäscherei, spricht ein asiatisch anmutendes Französisch und man assoziiert durch das Opiumrauchen sofort mystische Riten und Zeremonien. Durch seine Figur kommt es zur ersten Begegnung mit dem Fremden und sein geheimnisvoller Keller wird zum sagenumwobenen Ort des Spirituellen:

> Avent les années soixante-dix, au Québec, qui disait „Chinois" voulait dire blanchisserie une fois sur deux, et restaurant le reste du temps. On utilisait couramment l'expression „aller chez le Chinois" pour „apporter les draps à laver".[169]

Die gesellschaftliche Isolation dieser Fremden manifestiert sich in der distanzierten Haltung der Québecer Figuren gegenüber Wong und in ihrer fast angstvollen Beschreibung der exotischen Eigenschaften der Chinesen. Jeanne und Françoise mokieren sich über seine Sprache (*„Monsieur Mêci! Monsieur Mets Cinois! [...]*

---

[167] Hunt (1989): 117.
[168] Pavlovic (1987b): 121.
[169] Vaïs (1987): 104.

*Chinois, caca!*"[170]) und Morin und Lépin sehen in den Fremden nicht nur eine wirtschaftliche Konkurrenz, sondern durch die exotischen Gerüche, die sie mit dem Gift einer Hexenküche gleichsetzten, auch eine Bedrohung ihres Lebens:

> Morin: Y se plaignent pas fort, les Chinois. Y endurent, y ramassent notre argent, pis y envoient ça en Chine; pis la première chose que tu sais, toute la famille est rendue icitte. Y savent que le temps joue pour eux-autres. [...] Y se cachent derrière leur maison. Y attrapent un rat par la queue, y le mettent dans leur chaudron, pis y le mettent dans leur fourneau. Pis quand y est ben cuit, ils 'y arrachent la peau, ils le coupent en deux, pis y nous le servent dans notre assiette. [...] And when we eat their poisoned rats, we die, and when we are dead, the rats come back, and eat us.[171]

Selbst Crawford, der in gewisser Weise auch Fremder in Québec ist, verhält sich Wong gegenüber vorsichtig und trägt durch seine Aussagen zur Aufrechterhaltung der genannten Vorurteile bei:

> British: So, this is your laundry! Well, it really smells like a laundry, and then again this is how a laundry should smell, isn't it?
> Chinois: (*en chinois*) Donnez-moi votre valise.
> British: No, if you don't mind, I'd rather keep it with me. [...]
> Chinois: (*en chinois*) Donnez-moi votre valise.
> British: No, you do not seem to understand, I'd rather keep it with me. You see, it keeps my hand busy.
> Chinois: (*en chinois*) Donnez-moi votre valise.
> British: No. I keep telling you that... (*Le Chinois prend la valise.*) Well, I guess this is the chinese way of being polite... [...]
> British: Oh, that way! So! this is the laundry's basement! It sure doesn't smell like a laundry anymore. In fact, it has a strange smell... And you have a strange smile... That way. Yes, of course, I do hope there are no black spiders here. Oups, I just

---

[170] *Trilogie*: 15.
[171] *Trilogie*: 11.

> bumped into something. Clumsy me! What are those strange objects?[172]

Das Interesse, das die Québecer im ersten Teil der *Trilogie* an Wong und seiner Familie haben, ist von Geldgier und Profit geprägt. Morin hofft, der Chinese werde ihm Geld leihen; in einer späteren Szene ist es ebenfalls Wong, der ihm, vor dem finanziellen Ruin stehend, noch eine letzte Chance im Glücksspiel gibt; und auch Crawford wird sofort hellhörig, als er im Gespräch mit Lee erfährt, er könne möglicherweise das Geschäft seines Vaters erwerben.[173]

Die gesellschaftliche Isolation des Fremden wird besonders durch ein Requisit, ein ‚objet', illustriert, das im Laufe des Stücks immer wieder aufgegriffen wird: Das Laken. In der Traumszene des ersten Teils hängt Wong die großen, weißen Bettücher vor seiner Wäscherei auf, wo sie zur Projektionsfläche seiner eigenen Träume und der der anderen Figuren werden, und die ihn gleichzeitig vom geschlossenen Universum der Québecer Gesellschaft abtrennen. Wie das traditionelle Geschäft der Immigranten, so werden auch die damit untrennbar verbunden Wäschestücke zur Metapher für die Präsenz der Fremden in der Québecer Gesellschaft. Schon sehr früh taucht dieses Accessoire in der *Trilogie* auf, als Jeanne und Françoise die Laken von Morin zu Wong bringen; später sieht man die beiden Schwestern des Chinesen, wie sie sie in großen Fässern waschen und auch während Wong und Crawford zusammen Opium rauchen, sind die beiden Mädchen mit den Wäschestücken auf der Bühne anwesend:

> L'intérêt de l'utilisation des draps dans la *Trilogie*, c'est donc, d'abord, qu'ils sont liés à une tradition à peine disparue, indissociable du personnage du Chinois.[174]

Michel Vaïs beschreibt im Zusammenhang mit dieser Tradition des Wäschewaschens der Chinesen noch einen anderen Aspekt, der die Bettlaken als Motiv des Fremden, aber auch der Träume zu einem sehr fruchtbaren Requisit für die Illustration der träumerischen, mystischen Annäherung an China macht:

> Dans ces minuscules et sombres boutiques [des buanderies] que les premières scènes de la *Trilogie* font revivre avec bonheur, flottait une odeur d'amidon (pour empeser les draps) mêlée à celle du riz, qui constituait l'essentiel de la

---

[172] *Trilogie*: 13.
[173] vgl. *Trilogie:* 18-20.
[174] Vaïs (1985): 104.

> cuisine des familles logeant dans l'arrière-boutique. En venant chercher ses draps soigneusement emballés dans du papier brun [...] on emportait immanquablement chez soi un peu de cette odeur de brûlé, a mi-chemin entre la sueur séchée et la cuisine exotique. [...] Et le soir venu, au creux du lit, nos rêves étaient imprégnés de la même odeur. Roi des draps, le Chinois régnait naturellement sur nos songes.[175]

Der Duft der Wäscherei, der Geruch von Reis, Stärke und dem Schweiß der Wäscherinnen, der für die Québecer so exotisch ist wie die Menschen, von denen er ausgeht, hält Einzug in ihren Alltag. Das Eigene wird von einem Element des Fremden durchzogen und China, bzw. das, was damit assoziiert wird, gelangt über das Medium der gestärkten Wäsche in die Welt ihrer Träume.

Durch die Projektion der Erinnerungen Wongs an sein Land und seine Kultur, durch das Bild des chinesischen Boots und die Häuser seiner Vorfahren, werden die Betttücher einmal mehr mit dem Motiv der Reise und der Erinnerung, aber auch der kulturellen Isolation in Verbindung gebracht. Auch im zweiten Teil, als Jeanne über ihr Leben mit Lee und dessen beiden alten Tanten spricht, dienen die Bettlaken als Mittel zur Darstellung der Einsamkeit der chinesischen Frauen, die trotz der langen Zeit, die sie in Kanada leben, weder Englisch noch Französisch gelernt haben und sich nur über ihre Bilder ihrer Umwelt mitteilen können:

> Jeanne: Tu sais, Lee et moi, on vit pas tous seuls avec Stella... on garde ses deux vieilles tantes. Elles sont veuves. Comme beaucoup de femmes chinoises qui vivent à Toronto, elles n'ont jamais appris l'anglais et elles sont mêmes jamais sorties du quartier chinois. Elles ont toujours vécu isolées du reste u monde, C'est comme si elles vivaient en Chine à Toronto. Elles passent leurs journées à peindre...[176]

Trotz ihrer zeitweiligen Verwendung zur Illustration von Isolation und Abgeschiedenheit können die Bettlaken auch als Mittel des Kontakts zwischen Québecern und Chinesen betrachtet werden. Die Wandelbarkeit ihrer Bedeutung bzw. die Möglichkeit einer zweiseitigen Betrachtungsweise ihrer Funktion als Trennwand erlaubt sich schon durch ihre Materialität, denn der Stoff ist ja z. B. für Licht oder Stimmen durchdringbar. Obwohl durch sie zunächst nur eine

---

[175] ebd. 104.
[176] *Trilogie*: 31.

rein kommerzielle Verbindung zwischen den beiden kulturellen Gruppen aufgebaut wird, wird die Wäsche schon in der Traumszene zur gemeinsamen Projektionsfläche der Träume aller Figuren, in der Malszene im zweiten Teil zum Trägermedium der Kommunikation der beiden einsamen Tanten, und Yukali eröffnet sie schließlich den fruchtbaren Austausch zwischen Ost und West durch ihre auf Leinwand gemalten Bilder: „*On le voit, cet accessoire est lié à toute une série d'idées, [...] il apparaît comme une sorte de trait d'union, une brèche dans un mur d'indifférence et de xénophobie, qui permettra de pénétrer dans un univers insoupçonné.*"[177]

Fremdheit wird aber nicht nur durch die Gruppe der chinesischen Einwanderer repräsentiert, sondern auch durch die junge Japanerin Yukali, durch die Figur der Geisha, durch Jeanne, die in einer arrangierten Zweckehe mit dem Chinesen Lee im ihr kulturell fremden Toronto lebt und durch Stella, die aufgrund ihrer Krankheit nirgendwo irgendeine Form identitärer Zugehörigkeit erfährt. Über die Geisha, die über eine Radiosendung, die Jeanne zu Beginn des zweiten Teils hört, in die Handlung eingeführt wird, lanciert Lepage das klassische Thema der kulturellen Ausbeutung des Ostens durch den Westen: Der amerikanische Offizier, der sie mit Geschenken aus Amerika - Zeichen kultureller Assimilation, unter anderem einem Paar roter Schuhe (!) - überhäuft und die aus ihr die halb orientalische, halb westliche Frau seiner Träume machen sollen, ist, als sie ihm unterbreitet, dass sie ein Kind von ihm erwartet, nicht bereit, die Verantwortung für seine Beziehung zu übernehmen und verstößt sie. Die junge Yukali, die später als Künstlerin in Vancouver lebt und im Andenkenshop des Flughafens arbeitet, ist die Tochter jener Geisha, die in Hiroshima ums Leben gekommen ist. Durch Françoises Schreibmaschinenkurs und den Text ihres Übungsbuchs, der das Motiv von Puccinis *Madama Butterfly* widergibt, erfährt das Publikum das Schicksal der Mutter Yukalis. Während Françoise übend auf dem Dach der Hütte sitzt, illustriert der amerikanische Offizier den Inhalt der Übungslektion:

> Il est venu, virgule, (*l'officier ouvre la porte de la cabane; il dépose la boîte rouge sur le sol.*) il est venu, virgule, puis est reparti. Point. (*il ferme la porte*). Il a dit, deux points, il a dit, deux points, ouvrez les guillemets (*il ouvre la porte à nouveau*) „Je reviendrai." [...], fermez les guillemets. Point. (*il referme la*

---

[177] Vaïs (1987): 105.

*porte*) Reviendra-t-il? Point d'interrogation. [...] Personne ne l'a cru, point [...].[178]

Desillusioniert und enttäuscht wirft Yukali ihrem Vater, den sie nicht kennt (der Offizier ist inzwischen durch die Hütte verschwunden), anschließend all ihre Vorhaltungen an den Kopf. Sie macht ihn verantwortlich für ihr Schicksal und das ihrer Mutter, die, hätte er sie mit in die Staaten genommen, heute noch am Leben sein könnte:

> Yukali: Twenty years ago, you gave my mother a little girl... I would like to tell you that it's me, alive and well, and living in Tokyo. [...] Today, it's the sixth august 1955 and ten years ago, your country gave to my country a little boy... „Little Boy", it was the name of the bomb that was dropped over Hiroshima [...][179]

Der amerikanische Offizier hat ihre Mutter benutzt und zurückgelassen, wie auch der Amerikaner Pinkerton Madame Butterfly ausbeutet; und die Amerikaner haben Japan mit der schlimmsten aller Waffen angegriffen und so über Jahrzehnte Tod, Zerstörung und Krankheit über das Land gebracht. Wie um all diese schrecklichen Erinnerungen mit einem Mal zu kompensieren und sie dann für immer zu vergessen, macht Yukali ein Photo ihres Vaters und vergräbt die Filmspule zusammen mit den Andenken, die ihr an ihre Mutter geblieben sind - ein weißes Kleid, Zeichen für ihren unschuldigen Tod und ein Paar rote Schuhe, Zeichen für Lebensfreude und Liebe - im Sand.

Das Thema der Beherrschung des Ostens durch den Westen und der Wunsch nach Besitz setzt sich in der dritten Szene des dritten Teils, in der Philippe Gambier, der Air-France-Pilot erneut mit Yukali zusammen trifft, fort. Yukali hat mit Hilfe eines Rechens wellenförmige Spuren in den Boden gezogen und ein Origami-Schiffchen in den Sand gesetzt. Während sie die Legende des Windgotts Kamikaze erzählt, erscheint der Pilot, der seinerseits die japanischen Kamikazeflieger des Zweiten Weltkriegs erwähnt und ein Papierflugzeug auf Yukalis Origamischiffchen fallen lässt. Entrüstet und wütend ob dieses Verhaltens flieht Yukali in ihren kleinen Verkaufskiosk im Flughafen. Die Anmaßungen des Piloten, die in dieser ersten Sequenz durch die Darstellung der Perversität

---

[178] *Trilogie*: 43.
[179] *Trilogie*: 43.

der Namensgebung der japanischen Suizidkommandos und durch das Verhalten Philippes nur angedeutet wurden, werden nun auf verschärfte Art und Weise in einer ‚realen' Begegnung wiederholt. Er fordert Yukali auf, mit ihm einen Kaffe zu trinken und erzählt ihr, dass er, der berufsmäßige Weltenbummler, das Gefühl hatte, sie nicht in ihrem kleinen Käfig, in ihrer beschränkten Welt des Kiosks in Vancouver versauern lassen zu können. Ohne zu berücksichtigen, dass man in Vancouver kein Wort Französisch spricht, und damit auch Yukali nicht, überfällt er sie mit einem Wortschwall, um sie aus ihrer ‚Provinzialität' und Einsamkeit zu befreien:

> Pilote: Bonjour! Hello! Ça va bien? You feel good? Ça vous dirait, prendre un café? Vous savez ce que je viens de faire? J'étais en plein ciel entre Vancouver et Singapour, avec mes cinq cents passagers...quand tout à coup, j'ai pensé à vous. Lors je me suis dit „Merde!" Je peux pas la laisser seule dans sa petite cage! Lors j'ai fait demi-tour, je suis venu vous chercher...me voilà![180]

Obwohl Yukali ihm zu verstehen gibt, dass sie weder Französisch spricht, noch an einer Unterhaltung mit ihm interessiert ist, lässt der Pilot nicht locker und versucht weiter, ihre Aufmerksamkeit zu erlangen. Doch Yukali wehrt sich und spricht dabei genau das aus, was weder ihre Mutter noch Madame Butterfly geschafft haben: Sie weist die aggressiven Annäherungen des von Selbstüberschätzung geprägten Europäers zurück, behauptet sich selbst als Persönlichkeit und durchbricht so das Subjekt-Objekt-Verhältnis zwischen westlichem Mann und ‚orientalischer' Frau:

> Yukali: You are crazy or what? [...] What do you want? It's the third time you come here this week.. And you touch me, and you take my paper, and you take my toys. This is my space, it's a small space, but it's mine, and when you are here, I can't breathe. You are taking my air. I'm not interested by airplanes, I'm not interested by you, and I won't go out to have any coffee with you... Is it clear!?[181]

---

[180] *Trilogie*: 60.
[181] *Trilogie*: 61.

Yukali fordert ihr Recht nach Freiheit und Selbstbestimmung und setzt Philippe Gambier im wahrsten Sinne des Wortes vor die Tür. Nach der Eskalation ihrer Auseinandersetzung flieht sie in ihren Kiosk. Der Pilot aber kann sich mit dieser Zurechtweisung nicht abfinden, als Mann und als Repräsentant des machtvollen Westens gedemütigt, versucht er weiter, dem Objekt seiner Begierde nahe zu kommen. Immer wieder wirft er sich gegen die verschlossene Tür der kleinen Hütte, aus der Yukalis Schreie dringen und die zur Illustration der explosiven Situation von grellen Lichtblitzen erleuchtet wird.

Eine andere Form kultureller Fremdheit, sehr viel subtiler und weniger explizit, manifestiert sich in den Figuren Jeannes und ihrer behinderten Tochter Stella. Im ersten Teil der *Trilogie* repräsentiert Jeanne zunächst noch die frankophone Québecer Gesellschaft, durch ihre arrangierte Heirat mit Lee befindet sie sich im zweiten Teil dann aber plötzlich im anglophonen Toronto, fern ihrer Heimat und ihrem gewohnten Umfeld und mit den fremden und exotischen Lebensumständen der Kultur ihres Mannes konfrontiert. Als Françoise sie zum ersten Mal in Toronto besucht, erzählt sie ihr von ihrem neuen Leben, von ihrer Ehe mit Lee und ihrer Tochter Stella, wobei in ihrem Bericht niemals Glück oder Zufriedenheit mitschwingen, sondern eher die unfreiwillige Akzeptanz der neuen Lebensumstände zum Ausdruck kommt:

> Jeanne: De toutes façons, c'est Lee Wong le père de Stella maintenant. Y m'a même aidée à la mettre au monde. Il s'est toujours occupé d'elle comme si c'était sa propre fille. Ça a été dur au début....
> [...] On manque pas du nécessaire...ça me fait du bien de travailler ici. [...][182]

Die Anpassung an ihr neues Leben fällt Jeanne offensichtlich schwer, und das nicht nur, weil sie in Toronto in einem anglophonen bzw. sinophonen kulturellen Umfeld lebt, sondern auch, weil sie durch Lees familiäre Bindungen in das geschlossene soziale Gehege der chinesischen Großfamilie eingebettet ist, und ihr damit ein freier Kontakt zur Außenwelt verwehrt bleibt. Aus diesem Grund betont sie auch ihre Freude, in Crawfords Schuhladen Arbeit gefunden zu haben. Dass die Repressalien der chinesischen Gemeinschaft groß sind und sie in ihrer Freiheit einschränken, ergibt sich aus dem Hinweis, dass Lee und sie dessen alte Tanten

---

[182] *Trilogie*: 31.

beherbergen, sowie aus der Reaktion ihres Mannes auf die
bevorstehende Hospitalisierung der kranken Stella:

> Lee: Stella has a family. She must stay with her family. That's the chinese way. It's our beliefs, it's my beliefs. My father's sisters, they lived with us until they died. Even when they were sick, they stayed with their family! [183]

Wie sehr Jeanne zwischen ihrer neuen Lebenssituation und ihrer
‚alten' Identität gespalten ist, zeigt sich auf signifikante Weise am
Schluß dieser Szene, in der sie die Entscheidung trifft, Stella ins
Heim zu geben, wozu sie eine Reihe von Formularen unterzeichnen
soll:

> Sœur Marie: Eh bien... vous pouvez signez ici là, tout près du „X", mais... (*Jeanne signe.*) Oh, je m'excuse mais vous avez écrit „Jeanne Morin".
> Jeanne: C'est mon nom.
> Sœur Marie: Oui mais... Il fallait écrire votre vrai nom.
> Jeanne: C'est mon vrai nom.
> Sœur Marie: Non, je veux dire: votre nom de femme: Madame Lee Wong. (*Jeanne signe.*)[184]

Ihr Irrtum bei der Unterschrift macht deutlich, wie wenig Jeanne
sich mit ihrer Ehe und dem dazugehörigen Namen identifiziert.
Auch die Tatsache, dass sie Stella, die sie aufgrund ihrer eigenen
Krankheit nicht mehr selbst pflegen kann, ins Heim gibt, zeigt, dass
sie ihre Tochter weder ihrem Mann noch dessen Familie an-
vertrauen möchte.

Stella ist eine Figur, die, obwohl sie nicht oft auftritt, im gesamten
Stück sehr präsent ist, weil sie von den anderen Figuren immer
wieder thematisiert wird. Ihre Krankheit und ihr Schicksal sind in
gewisser Weise die Fortführung der Geschichte Jeannes. Sie ist nicht
nur zwischen den drei Kulturen zerrissen (als einzige spricht sie alle
Sprachen), sondern aufgrund ihrer Krankheit und ihres mangelnden
Mitteilungsvermögens auch identitätslos. Im Stück charakterisiert
sich dies besonders durch ihre kindlichen, manchmal spastischen
Bewegungen, durch ihre Stummheit und durch andere Figuren, die
sie ausschließlich als Objekt behandeln. Jeanne flicht ihr im zweiten
Teil unaufhaltsam wie einer Puppe die Haare, Sœur Marie und
Jeanne bestärken sich gegenseitig in ihren Argumenten, warum sie

---

[183] *Trilogie*: 42.
[184] *Trilogie*: 42.

im Heim besser aufgehoben sei als in der Familie und auch der Pfleger im dritten Teil behandelt sie wie einen unmündigen Patienten und geht in keinster Weise auf ihre Bedürfnisse ein. Allein Françoise empfindet Wärme und Verantwortung für ihre kleine Nichte. Das Geschenk, die kleine Musikkugel, die sie ihr aus Vancouver mitbringt und in der letzten Szene, nach Stellas Tod, auf dem Parkplatz in Québec vergräbt, wird zum symbolischen Gegenstand, der Stella so mit den Hauptachsen der Geschichte verbindet und ihr eine erst auf den zweiten Blick bedeutende Rolle im Handlungsgefüge zuweist.

### 5.4.4 Multikulturalität

„The significance of Lepage's 'mise en scène' lies in the way in which he employs cultural stereotypes both as a method of characterization and a way of subverting the audience's expectations of ethnicity"[185]. Dass Lepage ganz bewusst Fragen nach Identität und kultureller Fremdheit thematisiert und damit einen wichtigen Beitrag für den Kulturraum Québec im Feld des interkulturellen Theaters liefert, hat die Analyse einzelner Szenen der Trilogie des dragons in den vorangegangen Kapiteln gezeigt. Die signifikanteste Szene für eine Vision des produktiven Umgangs der verschiedenen Kulturen miteinander ist sicherlich die Begegnung Pierres mit der japanischen Künstlerin Yukali, das Erkennen ihrer Gemeinsamkeiten über die Kunst und ihre symbolische Vereinigung im Zengarten. Der junge Québecer Pierre, der dem Publikum zunächst als unsichere Persönlichkeit und hin- und hergerissen zwischen seinen kulturellen Ursprüngen und dem Drang nach Freiheit, Aufbruch und Selbstverwirklichung vorgestellt wird, gelingt es, ein Bewusstsein für seine „identité québécoise" zu entwickeln und sich darüber hinaus dem Fremden zu öffnen. Damit wird er nicht nur zum Repräsentanten par excellence eines gesunden Kulturbewusstseins, gepaart mit offenem Kosmopolitismus im Sinne Lepages, sondern er verinnerlicht auch dessen Vision eines reziproken Kulturkontakts zwischen Ost und West:

> The main element is the encounter of Pierre and Yukali, of Western and Eastern art traditions. In the hesitant, tender, and difficult dialogue between the two young artists, [...]

---

[185] Rewa (1990): 149.

there is the suggestion of an opening into worlds which are
new for both of them.[186]

Obgleich Pierres Initiation von seiner Begegnung mit der Japanerin Yukali ausgeht, adaptiert er nämlich nicht lediglich Elemente aus der fremden Kultur, sondern nutzt seine gewonnenen Erfahrungen zur Bereicherung seines eigenen Schaffens als Künstler. Bezeichnenderweise gibt er daher sein Vorhaben, in London zu studieren, nicht zugunsten Japans, sondern zugunsten Chinas auf. So wie das Stück mit dem Graben und Suchen nach Resten einer nicht mehr existierenden Chinatown begann, so schließt sich der Kreis in der letzten Szene durch die Ankündigung von Pierres Projekt.

Wenn man die Idee des Multikulturalismus im Kontext des Bhabha'schen Diskurses denkt, darunter also nicht einen undifferenzierten kulturellen ‚*melting pot*' versteht, sondern ein produktives Miteinander verschiedenster Kulturen, dann beinhaltet diese ethnische Vielfalt auch das Konzept kultureller Hybridität, wie sie Bhabha formuliert und Sherry Simon für die Stadt Montréal beschreibt. Pierre ist nicht nur Québecer, und er wird durch die Erfahrungen mit Yukali nicht etwa zum Japaner; er ist weder nur das eine, noch nur das andere, sondern er ist etwas darüber hinaus. Sein Selbstbild und sein identitäres Verständnis haben sich geöffnet für den Einfluss des neuen und unbekannten Fremden, das nun nicht mehr als Bedrohung, sondern als produktive Bereicherung der eigenen Kultur verstanden wird.

Wenn diese Schlussszenen der Trilogie sicher als so etwas wie die Quintessenz der Vorstellungen Lepages über ein weltoffenes, aber dennoch seiner eigenen Kultur bewussten Québecs sind, gibt es im Verlauf der Inszenierung eine Reihe anderer Momente, die ebenfalls auf ein plurales und offenes Identitätsverständnis jenseits starrer Kategorien hinweisen. „*In sum, throughout this immensely inventive and powerful play, the meanings of cultural identities are constantly put into question*"[187]. So fungiert die chinesische Gemeinschaft zu Beginn des Stücks noch als Folie zur Darstellung des stereotypen Fremden, eröffnet aber spätestens in der Traumszene durch die schon erwähnte Funktion der Bettlaken eine differenzierte Sicht auf die Präsenz dieser ethnischen Minderheit innerhalb der Québecer Gesellschaft, die eine mögliche Interaktion zumindest denkbar

---

[186] Simon (1998): 131.
[187] ebd. 132.

werden lässt. Die Bettwäsche auf der Leine dient hier zwar als symbolische Trennung zwischen Orientalen und Okzidentalen, die Materialität dieser Requisiten erlaubt aber auch den Gedanken an einen möglichen Kontakt der beiden Welten, der sich schließlich in der Hochzeit von Lee und Jeanne realisiert. Dass diese Liaison arrangiert ist, manifestiert sich im zweiten Teil durch die Schwierigkeiten und das Unbehagen, das Jeanne in ihrer neuen Lebensrealität in Toronto erfährt. Trotzdem ist das Bild, das der zweite Teil der Trilogie von den Chinesen transportiert, nicht unbedingt negativ. Für Jeanne ist die Ehe mit Lee zwar nicht immer einfach, dennoch betont sie, dass er ihr geholfen habe, Stella zu Welt zu bringen und dass er sie wie sein eigenes Kind akzeptiere. Anhand des Lebens der beiden zentralen Figuren Jeanne und Françoise erlebt der Zuschauer nicht nur 75 Jahre kanadischer Geschichte, sondern verfolgt ebenso das sich wandelnde kulturelle und identitäre Bewusstsein der Québecer. Im ersten Teil machen sich die beiden Mädchen über den chinesischen Wäschereibesitzer lustig, ihre Eltern fühlen sich durch sein Geschäft wirtschaftlich bedroht, und ob des Exotismus, der von seiner Person ausgeht, begegnet man ihm mit Argwohn und übertriebener Vorsicht. Durch die Verbindung zwischen Lee und Jeanne relativiert sich die Sicht auf die Einwanderer im zweiten Teil etwas, und auch Françoises Aufbruch nach Europa und ihre Liebe zu einem Anglophonen sind zumindest als Indikatoren für eine sich langsam öffnende Mentalität der Québecer zu bewerten. Was Jeanne und Françoise mit ihrem Lebensweg schon angedeutet haben, gelingt schließlich erst in der Folgegeneration durch Pierre und seine Entwicklung hin zu einem interkulturell orientierten Künstler. Auch Yukali erreicht in gewisser Weise das, was ihrer Mutter verwehrt blieb. Sie emanzipiert sich von der Sicht des Westens auf den orientalisierten Osten und weist den Blick der Männer, der die Gier nach Macht und Besitz impliziert, von sich und behauptet sich als eine Persönlichkeit, die ihre eigene Kultur mit der ihres neuen Lebensraums konstruktiv verbindet.
Statt einen harschen Konflikt zwischen verschiedenen kulturellen Gruppen zu illustrieren, thematisiert Lepage deren Zusammentreffen, die sich daraus ergebenden Fragen und Probleme und auch mögliche Formen der interkulturellen Annäherung sehr subtil in kleinen Szenen und mit Hilfe einfachster theatraler Mittel. Kulturelle Hybridtät manifestiert sich im Laufe des Stücks durch das wachsende Miteinander von Figuren unterschiedlicher

kultureller Herkunft, durch ihre gesteigerte Weltoffenheit und durch ein sich wandelndes Identitätsverständnis, das, besonders für die frankophonen Québecer, eine Verschränkung von kulturellem Bewusstsein für die Spezifität ihrer Region mit einem offenen Geist für transkulturelle Interaktionen beinhaltet. Wie die beiden vorangegangen Kapitel gezeigt haben, verhandelt Lepage die Fragen nach Identität und Fremdheit nie streng voneinander getrennt, sondern entwickelt anhand seiner Figuren, wie sehr das Fremde in die Bereiche des Eigenen hineinspielt und dass, wie auch schon der Exkurs in Bhabhas Theorien gezeigt hat, diese Kategorien untrennbar miteinander verbunden sind.

Seine Idee von positiver Multikulturalität lässt sich auch durch den freien Gebrauch dreier Sprachen erläutern. Die Multilingualität auf der Bühne steht sowohl für eine Pluralität der Kulturen in Québec, als auch für einen symbolischen Schlüssel zu einer Philosophie der Kommunikation. Während Sprache im ersten Teil der *Trilogie* noch dezidiertes Kennzeichen der Zugehörigkeit zu einer kulturellen Gruppe war und gleichzeitig oft eine Kommunikationsbarriere bedeutete, so sprechen die Figuren im zweiten und dritten Teil viel ungezwungener die jeweilige Sprache, ohne dass dabei Verständnis verloren geht. Englisch und Französisch werden oft frei gemischt und nicht nur auf ästhetischer Ebene wird deutlich, dass Sprache nicht unbedingt das wichtigste Zeichen von (theatraler) Kommunikation sein muß. Die Hybridisierung verschiedenster Sprachen, Register und Soziolekte verweist damit nicht nur auf die kulturelle Diversität Québecs am Ende des 20. Jahrhunderts, sondern rekurriert ebenso auf die politische Dimension des Sprachproblems. Durch die Verwendung mehrerer Sprachen stellt Lepages Theater den Kampf um die Vorherrschaft des Französischen in Frage und propagiert gleichzeitig durch die Vermischung der Register ein Sprachverständnis, das den Sprachpurismus anprangert und die linguistische Spezifität der Region gerade durch das Nebeneinander von ‚*québécois*', ‚*joual*' und einem von Anglizismen und Neologismen durchsetzten Französisch definiert.

Auch die Gesamtkonzeption der *Trilogie* unterliegt einem pluralen Kulturverständnis. Der Ausgangspunkt der Geschichte, der Parkplatz in Québec City, kann metaphorisch für Lepages Vorstellung von kultureller Interaktion und der hybriden Überlagerung unterschiedlichster Kulturen, hier im besonderen Maße von chinesischer und okzidentaler, gelesen werden. Die verschiedenen Schichten, die unter dem Sand des Parkplatzes zu finden sind, machen ihn zum Ort des Hybriden, zu einem ‚*third space*' im Sinne Bhabhas, der mehr beinhaltet als das bloße Vermischen seiner Elemente zu einer nicht mehr definierbaren Masse. Er wird zum symbolischen Ort der kulturellen Hybridität des Kulturraums Québec, von dessen Status als Immigrationsland und der sich daraus ergebenden ethnischen Vielfalt seiner Bevölkerung. Die zyklische Konzeption der Geschichte und die Rückkehr zum Ausgangspunkt nach sechs Stunden Theatermagie zeigen einmal mehr, wie sehr das Eigene und das Fremde miteinander verwoben sind, wie sehr Québec ein paradigmatischer Ort kultureller Vielfalt ist und welche Bedeutung die Beschäftigung mit dem Anderen für die Suche nach sich selbst hat:

> Avant de faire les six heures, on avait l'impression que plus on avançait, plus on avait cette soif d'ailleurs, et plus on développait cet ailleurs [...]. Sauf qu'on a eu l'impression contraire tout à coup: les scènes les plus riches étaient celles qui ramenaient tout ça chez nous. Il était temps! On est partie d'une petite histoire de chez nous, puis on s'est mis à parler du monde, de l'univers. Dans les six heures, on est revenu à la petite histoire. On a senti le besoin de revenir chez nous, de boucler avec les gens d'ici.[188]

---

[188] Lavoie (1987): 206.

> *The idea underlying the intercultural trend in theatre across the world today is the path of permanent mediation between the cultures [that] will gradually lead to the creation of a world culture in which different cultures not only take part, but also respect the unique characteristics of each culture and allow each culture its authority.*
> Erika Fischer-Lichte [189]

## 6. Québec inszenieren

Die vorliegende Arbeit hatte die Zielsetzung, das Theater Robert Lepages unter dem Blickwinkel einer interkulturellen Theaterforschung zu untersuchen und dabei zu zeigen, wie in seiner Inszenierung *La Trilogie des dragons* die Auseinandersetzung mit der Frage nach Identität und Fremdheit zu einer für das Kulturverständnis des Regisseurs paradigmatischen Herangehensweise wird. Zunächst sollte daher der Frage nachgegangen werden, inwiefern Lepage im Feld des interkulturellen Theaters zu verorten ist. Obgleich die führende Fachliteratur ihn explizit als einen der wichtigsten Vertreter dieses „Trends" nennt, beschäftigt sich kaum eine Veröffentlichung näher mit seinem theatralen Schaffen. Eine Analyse dessen, was unter dem Terminus des interkulturellen Theaters zu verstehen ist, macht jedoch deutlich, dass Lepages Arbeiten einen fruchtbaren Beitrag zur Diskussion über die Interaktion von Kulturen im Medium des Theaters leisten kann. Darüber hinaus verbinden seine Arbeiten die Fragestellungen des postkolonialen Theaters mit einer produktiven Auseinandersetzung mit den veränderten ethnischen Konstellationen in einer durch Migration geprägten Welt. Québec wird zum Paradebeispiel für kulturelle Diversität, Diglossie und einen vom kolonialen Erbe geprägten Kulturraum:

> Robert Lepage is the Québec playwright who has become an international phenomenon. [...] Not only is he internationally celebrated, but trans-nationalism is the very theme of his work. He has invented themes and exploited the kinds of theatre productions, which, through constructed out of materials gathered from local contexts, are put together into performances that transcend these origins. [...] Lepage seems

---

[189] Fischer-Lichte (1996): 38.

> to incarnate a cosmopolitanism, an internationalism, which is in every way a refutation of the traditionalism of Québec identity. He is a culture that travels. [...] In the new constellations of transcultural theatre artists, Robert Lepage is a confirmed star.[190]

Robert Lepage avancierte in den letzten zwanzig Jahren zu einem Theatermacher, dessen Arbeiten ihn zu einem anerkannten Künstler der alternativen québecer Theaterszene machten und die ihm auch im internationalen Vergleich höchste künstlerische Auszeichnungen einbrachten. Das resultiert aus der hohen Mobilität seiner Stücke, die lokale und internationale Themen gleichsam aufgreifen, dabei immer wieder die kulturellen Spezifitäten westlicher und östlicher Theaterformen aufgreifen und so deren dynamische Strukturen fruchtbar machen. Die Geschichten seines Theaters erforschen das Zusammentreffen und die gegenseitige Interpenetration verschiedener Kulturen und beschäftigen sich immer wieder mit der Frage einer kulturellen Identität. Hierbei wird deutlich, wie sehr er als Québecer Identität als einen offenen, hybriden Terminus versteht und die Verschiebungen, die sich aus Kolonialismus und Migration ergeben haben, als eine Herausforderung festgeschriebener Kategorien begreift:

> Lepage's work offers a particularly useful perspective from which we can observe not only the changing configurations of Québec culture but also the interaction between the local and the global in contemporary artistic production.[191]

Nicht nur die *Trilogie des dragons* ist ein paradigmatisches Beispiel für Lepages Auseinandersetzung mit kultureller Identität, sondern auch seine frühe Soloshow *Vinci* (1986), *Tectonic Plates* (1988), seine bilinguale Romeo- und Julia-Inszenierung (1989) sowie das Hiroshimaprojekt *The seven streams of the river Ota* (1995) können als Beispiele für seine konstante Beschäftigung mit Fragen kultureller Interaktion genannt werden. Besonders seine Arbeiten der 1980er und der frühen 1990er Jahre lassen sich eindeutig dem Feld des interkulturellen Theaters zuordnen. Angesichts der wachsenden Diversität der Kulturschaffenden, ebenso wie der Diversität der Medien, die in Theater und Performance zum Einsatz kommen, sowie das Überlappen kultureller Themen und Orte, bemerkt Lepage, dass die einzige Konstante kultureller Produktion sich

---

[190] Simon (1998): 126 f.
[191] ebd. 126.

heute in den Termini Pluralismus und Hybridität manifestiert. Während gerade seine frühen Stücke diese Pluralität besonders auf inhaltlicher Ebene aufgreifen, ist in seiner Arbeit seit der Mitte der 1990er Jahre darüber hinaus eine Akzentuierung der spezifischen Medialität des Theaters zu verzeichnen. 1994 gründet er seine multidisziplinäre Kompanie *ExMachina*, die seit 1997 in Québec-City in einer alten Feuerwache residiert. Die *Caserne Dalhousie* ist zu einem Ort für multimediale Theaterexperimente, für Video-, Film- und Internetproduktionen geworden. Lepage reagiert damit auf die sich wandelnden Rezeptionsbedingungen und die Präsenz anderer Medien in unserem Alltag:

> We wanted to emphasise the technological aspect of performance art, and to really make a statement that we're not necessarily a theatre company any more, that we are a performing arts company, and that video artists, actors, writers, opera singers and puppeteers are invited to our company. Because we came out of a theatre company and a lot of the members are theatre people, theatre is still the predominant form of expression of this company [...] The goals of *Ex Machina* are to create not only a physical space, but also a symbolic or imaginary space where we can develop performance arts – weather it's dance, theatre, concerts, puppets and work in an end of the century way.[192]

Er greift die Pluralität der Darstellungsformen in seiner Arbeit auf, vermischt oft Elemente des Films mit Videoprojektionen im Theater und leistet so einen ebenfalls bedeutenden Beitrag zur Intermedialitätsdiskussion im Bereich des Theaters. Angesichts der Vielschichtigkeit seines Schaffens ist es daher mehr als verwunderlich, dass die Theaterwissenschaft sein Werk bisher nur sehr zögerlich rezipiert.

Trotz der neuerlichen Akzentuierung seiner Arbeit auf Fragen der sich wandelnden Medialität des Theaters und das Experimentieren mit multimedialen Darstellungsformen bleibt die Frage nach einer (québecer) Identität für Lepage aktuell. Auch in vielen jüngeren Produktionen taucht das Motiv des Reisens, sowie die damit verbundene identitäre Auseinandersetzung eines Québecer Charakters auf.

Dass das Thema der *Trilogie des dragons* an Bedeutung nichts verloren hat und dass die Faszination und Magie, die von der Inszenierung ausging, bis heute diejenigen beschäftigt, die eine

---

[192] MacAlpine (1996): 153.

Aufführung erleben konnten, ist nicht zuletzt der Grund dafür, dass das Stück im Sommer 2003, mehr als fünfzehn Jahre nach seiner Premiere, noch einmal beim *Festival de Théâtre des Amériques* und anschließend in zahlreichen nordamerikanischen und europäischen Städten gezeigt wurde. In der Ankündigung des Programms hieß es:

> Ce spectacle-fleuve, acclamé à travers le monde, est l'un des événements les plus marquants des années quatre-vingt voire de l'histoire du théâtre québécois. Quinze ans plus tard, le génie créatif de Robert Lepage se penche à nouveau sur sa création qui, de collective, passe à une version plus personnelle de l'artiste. En le remettant en scène, il redonne à cette œuvre magnifique une fraîcheur mâtinée d'expériences et de maturité artistique.[193]

---

[193] vgl. auch <http://www.fta.qc.ca/2003/att/trilogie.pdf> 2003-03-20

# 7. Literaturverzeichnis

### Bildquellen und Primärtexte

Lepage, Robert (et al.) (1987): *La trilogie des dragons*. (texte intégral, non publié). ExMachina, Québec-Ville.
*La Trilogie des dragons* (version intégrale); Videoaufzeichnung der Inszenierung von Robert Lepage.

### Sekundärliteratur

Bachmann-Medick, Doris (1999): „1+1=3? Interkulturelle Beziehungen als „dritter Raum". In: *Weimarer Beiträge* 4, 518-531.
Balme, Christopher (1995): *Theater im postkolonialen Zeitalter: Studien zum Theatersynkretismus im englischsprachigen Raum*. Tübingen: Gunther Narr.
Balme, Christopher (1997): „Robert Lepage und die Zukunft des Theaters im Medienzeitalter". In: Fischer-Lichte, Erika / Kolesch, Doris / Weiler, Christel (Hg.): *Transformationen. Theater der neunziger Jahre*. Berlin: Theater der Zeit, 133-146.
Balme, Christopher (2001): *Das Theater der Anderen. Alterität und Theater zwischen Antike und Gegenwart*. Tübingen: Francke.
Balme, Christopher (2003): „Theater zwischen den Medien: Perspektiven theaterwissenschaftlicher Intermedialtätsforschung". In: Balme, Christopher / Moninger, Markus (Hg.): *Crossing Media. Theater, Film, Fotographie und Bildende Kunst*. München: epodium.
Bednarski, Betty / Oore, Irène (Hg.) (1997): *Nouveaux regards sur le théâtre québécois*. Montréal: XYZ.
Bhabha, Homi K. (2000): *Die Verortung der Kultur*. Tübingen: Stauffenburg.
Bienen, Leigh-Buchanan (2000): „Robert Lepage's Theatre". In: *TriQuarterly* 107/108, 304-327.
Bovet, Jeanne (1991): *Une Impression de décalage: Le Plurilinguisme dans la Production du Théâtre Repère*. Master's Thesis. Québec: Université Laval.
Bovet, Jeanne (2000): „Identity and Universality: Multilingualism in Robert Lepage's Theater". In: Donohoe, Joseph I./ Koustas, Jane M. (Hg.): *Theater sans frontières. Essays on the Dramatic*

*Universe of Robert Lepage.* East Lansing: Michigan State University Press, 3-20.

Bunzli, James (1999): „The Geography of Creation: Decalage as Impulse, Process, and Outcome in the Theatre of Robert Lepage". In: *The Drama Review (TDR): A Journal of Performance Studies* 43 (1), 79-103.

Camerlain, Lorraine (1987): „O.K. On change !". In: *Cahiers de Théâtre Jeu* 45, 83-97.

Carson, Christie (2000): „From *Dragons' Triologie* to *The Seven Streams of the River Ota*: The Intercultural Experiments of Robert Lepage". In: Donohoe, Joseph I./ Koustas, Jane M. (Hg.): *Theater sans frontières. Essays on the Dramatic Universe of Robert Lepage.* East Lansing: Michigan State University Press, 43-78.

Carson, Christie (1993): „Collaboration, Translation, Interpretation. An Interview with Robert Lepage." In: *New Theatre Quarterly* 9 No. 33, 31-36.

Charest, Rémy (1995): *Robert Lepage. Quelques zones de liberté.* Québec: L'instant même.

Crevier, Lyne (1993): „Robert Lepage et ses principaux spectacle". In: *Cahiers de la NCT* 6 (January): 7-13.

Corzani, Jack / Hoffmann, Léon-François / Piccione, Marie-Lyne (1998): *Littératures francophones. II. Les Amériques (Haïti, Antilles-Guyane, Québec).* Paris: Bélin.

Denis, Jean-Luc (1987): „Questions sur une démarche". In: *Cahiers de théâtre Jeu* 45, 159-63.

Donohoe, Joseph I. / Koustas, Jane M. (Hg.) (2000): *Theater sans frontières. Essays on the Dramatic Universe of Robert Lepage.* East Lansing: Michigan State University Press.

Dvorak, Marta (1996): „L'alterité et les modes de non-traduction: Un regard sur Robert Lepage". In: *Etudes Canadiennes: Revue interdisciplinaire des Etudes Canadiennes en France* (ECCS) 22 (41), 57-70.

Dvorak, Marta (1997): „Représentations récentes des *Septs branches de la Rivière Ota* et *d'Elseneur* de Robert Lepage". In: Bednarski, Betty / Oore, Irène (Hg.): *Nouveaux regards sur le théâtre québécois.* Montreal: XYZ, 139-150.

Easthope, Antony (1998): „Bhabha, hybridity and identity". In: *Textual Practice* 12:2, 341-348.

Engelbertz, Monique (1989): *Le théâtre québécois de 1965 à 1980: un théâtre politique.* Tübingen: Niemeyer.

Fischer-Lichte, Erika / Riley, J. / Gissenwehrer, M. (Hg.) (1990): *The dramatic touch of difference – Theatre: Own and Foreign*. Tübingen: Gunter Narr.
Fischer-Lichte, Erika (1996): „Interculturalism in contemporary theatre". In: Pavis, Patrice (Hg.): *The Intercultural Performance Reader*. London: Routledge, 27-40.
Fischer-Lichte, Erika (1999): *Das eigene und das fremde Theater*. Tübingen: Gunther Narr.
Fréchette, Carole (1987): „L'arte è un veicolo. Entretien avec Robert Lepage." In: *Cahiers de Théâtre Jeu* 42, 109-26.
Gasquy-Resch, Yannick (Hg.) (1994): *Littérature du Québec*. Vanves: EDICEF.
Gagnon, Alain-G. (1998): *Québec*. Oxford: Clio Press.
Gilbert, Helen / Tompkins, Joanne (1996): *Post-Colonial Drama: Theory, Practice, Politics*. London / New York: Routledge.
Goetsch, Paul (1997): „Funktionen von Hybridität in der postkolonialen Theorie". In: *Literatur in Wissenschaft und Unterricht* XXX, 2, 135-145.
Gravel, Claude (1993): „Robert Lepage". In: *Forces* 100, 148-49.
Harvie, Jennifer (2000): „Transnationalism, Orientalism, and Cultural Tourism: *La Trilogie des dragons* and *The Seven Streams of the River Ota*". In: Donohoe, Joseph I. / Koustas, Jane M. (Hg.): *Theater sans frontières. Essays on the Dramatic Universe of Robert Lepage*. East Lansing: Michigan State University Press, 109-126.
Harvie, Jennifer / Hurley, Eric (1999): „States of Play: Locating Québec in the Performances of Robert Lepage, Ex Machina and the Cirque du Soleil". In: *Theatre Journal* 51 (3), 299-315.
Hunt, Nigel (1989): „The global voyage of Robert Lepage". In: *The Drama Review (TDR): A Journal of Performance Studies* 33 (2),104-118.
Hunt, Nigel (1987): „The moving language of Robert Lepage". In: *Theatrum* 6, 25-28, 32.
Jubinville, Yves (1990): „Un théâtre du vide et du plein". In: *Spirale* 98, 7.
Kelly, Brendan (1990): „Into the mouth of the Dragon". In: *Los Angeles Times* (9.10.1990)
Kleber, Pia (1999): „Die Hochzeit von Mensch und Maschine: Oralität und Mediatisierung im Theater von Robert Lepage": In: Balme, Christopher (Hg.): *Horizonte der Emanzipation. Texte zu Theater und Theatralität*. Berlin: Vistas, 319-325.

Lavoie, Pierre (1987): „Points de repère: Entretiens avec les créateurs". In: *Cahiers de Théâtre Jeu* 45, 177-208.
Lefèbvre, Paul (1987): „New Filters for Creation". In: *Canadian Theatre Review* 52, 30-35.
Lefèbvre, Paul (1993): „Coïncidences et l'intuition: Entretien avec Robert Lepage." In: *Cahiers de la NCT* 6, 17-19.
Lotman, Yuri M. (1990): „The notion of boundary". In: Ders.: *Universe of the Mind. A Semiotic Theory of Culture*. London/New York: Tauris, 131-142.
Mac Dougall, Jill (1988): „Le théâtre des Amériques: Montreal 1987". In: *The Drama Review (TDR): A Journal of Performance Studies* 32 (T 117), 9-19.
Mac Dougall, Jill (1993): *Performing Identities on the stages of Québec*. PhD dissertation. New York University.
Manguel, Alberto (1989): „Theatre of the miraculous". In: *Saturday Night* (Januar), 32-42.
Mc Alpine, Alison (1996): „Robert Lepage in Conversation." In: Delgado, Marie M. / Heritage, Paul (Hg.): *In contact with the gods? Directors Talk Theatre*. Manchester: Manchester University Press, 130-157.
Ortega, Martin (1997): *Robert Lepage: Seven Streams of the River Ota*. Magisterarbeit, Universität München.
Pavis, Patrice (1992): *Theater at the crossroads of culture*. London/New York: Routledge.
Pavis, Patrice (Hg.) (1996): *The Intercultural Performance Reader*. London / New York: Routledge.
Pavlovic, Diane (1987a): „Reconstitution de *La Trilogie*". In: *Cahiers de Théâtre Jeu* 45, 40-82.
Pavlovic, Diane (1987b): „Le sable et les étoiles". In: *Cahiers de Théâtre Jeu* 45, 121-140.
Rewa, Nathalie (1990): „Cliches of Ethnicity Subverted: Robert Lepage's *La Triologie des Dragons*". In: *Theatre History in Canada* (THIC) 11(2), 148-161.
Rieger, Stefan / Schahadat, Schamma / Weinberg, Manfred (Hg.) (1999): *Interkulturalität: Zwischen Inszenierung und Archiv*. Tübingen.
Roy, Irène (1993): *Le Théâtre Repère: du ludique au poétique dans le théâtre de recherche*. Québec: Nuit Blanche.
Salter, Denis (1993): „Borderlines: An Interview with Robert Lepage and Le Théâtre Repère". In: *Theater New Haven* 24 (3), 71-79.

Salter, Denis (1991): „A State of becoming". In: *Books in Canada* 20 (2), 26-29.
Schechner, Richard (1982): „Intercultural Performance". In: *The Drama Review (TDR): A Journal of Performance Studies* 26 (2), 3-4.
Simon, Sherry (1994): *Le trafic des langues: traduction et culture dans a littérature québecoise*. Québec: Boréal.
Simon, Sherry (Hg.) (1995): *Culture in Transit. Translating the Literature of Québec*. Montréal: Véhicule Press.
Simon, Sherry: (1996): „La culture transnationle en question: visées de la traduction chez Homi Bhabha et Gayatri Spivak". In: *Etudes Françaises* 31(3), 43-57.
Simon, Sherry (1998): „Robert Lepage and Intercultural Theatre". In: Tötösy de Zepetnek / Leung, Yiu-nam (Hg.): *Canadian Culture and Literature and a Taiwan Perspective*. Edmonton: Research Institute for Comparative Literature (University of Alberta), 123-143.
Simon, Sherry (1999): *Hybridité Culturelle*. Montréal: L'Ile de la tortue.
Simon, Sherry (2000): „Robert Lepage and the Languages of Spectacle". In: Donohoe, Joseph I./ Koustas, Jane M. (Hg.): *Theater sans frontières. Essays on the Dramatic Universe of Robert Lepage*. East Lansing: Michigan State University Press, 215-230.
Soldevila, Pierre (1987): „Magie et mysticisme: comment (ne pas) expliquer l'inexplicable". In: *Cahiers de Théâtre Jeu* 45, 171-176.
St-Hilaire, Jean (2000): „Robert Lepage – Le créateur se penche sur l'avenir du théâtre". In: *Le Soleil* (22. Jan.), vgl. auch: http://www.exmachina.qc.ca/francais/ex.asp?page=presse (2003-03-21)
Tétu de Labsade, Françoise (1997): *Le Québec: un pays, une culture*. Montréal: Boréal.
Usmiani, Renate (1985): „The Alternate Theatre Movement". In: Wagner, Anton (Hg.): *Contemporary Canadian Theatre*. Toronto: Simon and Pierre, 49-59.
Vaïs, Michel (1985): „Québec". In: Wagner, Anton (Hg.): *Contemporary Canadian Theatre*. Toronto: Simon and Pierre, 118-127.
Vaïs, Michel (1987): „Entre le jouet de la pacotille et la voûte céleste. Le voyage des personnages à travers les objets". In: *Cahiers de Théâtre Jeu* 45, 98-110.
Wagner, Anton (Hg.) (1985): *Contemporary Canadian Theatre*. Toronto: Simon and Pierre.

Wehla, Philippa (1996): „Robert Lepage's *Seven Streams of the River Ota* – Process and Progress." In: *Theatre Forum* 8, 29-36.
Wille, Franz (1996): „Mit der Gießkanne im Regen stehen". In: *Theater Heute* 8, 22.
Wördehoff, Thomas (1995): „Wo sich Peter Gabriel und Bela Bartók treffen". In: *Die Weltwoche* 10 (09.03.1995).

In der Schriftenreihe *Kleine Mainzer Schriften zur Theaterwissenschaft* sind bisher erschienen:

**Becker, Kristin:**
Chicago. Ein Mythos in seinen Inszenierungen.
(KMT, Band 1)
166 Seiten, 24,90 Euro, 2005
ISBN 3-8288-8929-8

**Wiegmink, Pia:**
Theatralität und öffentlicher Raum.
Die Situationistische Internationale am Schnittpunkt von Kunst und Politik.
(KMT, Band 2)
146 Seiten, 24,90 Euro, 2005
ISBN 3-8288-8935-2

**Pfahl, Julia:**
Québec inszenieren.
Identität, Alterität und Multikulturalität als Paradigmen im Theater von Robert Lepage.
(KMT, Band 3)
120 Seiten, 24,90 Euro, 2005
ISBN 3-8288-8948-4

www.ingramcontent.com/pod-product-compliance
Lightning Source LLC
Chambersburg PA
CBHW030602020526
44112CB00048B/1187